OS SACRAMENTOS
E OS MISTÉRIOS

Dados Internacionais de Catalogação na Publicação (CIP)
(Câmara Brasileira do Livro, SP, Brasil)

Ambrósio, Santo, Bispo de Milão, m. 397
  Os sacramentos e os mistérios : iniciação cristã na Igreja primitiva / Santo Ambrósio ; introdução, tradução do original latino e notas D. Paulo Evaristo Arns ; comentários Côn. Dr. Geraldo Majella Agnelo. – Petrópolis, RJ : Vozes, 2019. – (Coleção Clássicos da Iniciação Cristã).

  Título original: De Sacramentis Liber Sex
  Bibliografia

  1ª reimpressão, 2023.

  ISBN 978-85-326-6056-5

  1. Igreja primitiva 2. Sacramentos
  3. Sacramentos – Igreja Católica I. Arns, Paulo Evaristo, 1921-2016. II. Agnelo, Geraldo Majella. III. Título.

16-00862   CDD-268.82

Índices para catálogo sistemático:
1. Iniciação cristã : Igreja Católica :
    Cristianismo   268.82

SANTO AMBRÓSIO

OS SACRAMENTOS E OS MISTÉRIOS

Iniciação cristã na Igreja primitiva

Introdução, tradução do original latino e notas
D. Paulo Evaristo Arns, OFM

Comentários
Côn. Dr. Geraldo Majella Agnelo

Petrópolis

Tradução do original em latim intitulado: *De Sacramentis Liber Sex*

© desta tradução:
1972, 2019, Editora Vozes Ltda.
Rua Frei Luís, 100
25689-900 Petrópolis, RJ
www.vozes.com.br
Brasil

Todos os direitos reservados. Nenhuma parte desta obra poderá ser reproduzida ou transmitida por qualquer forma e/ou quaisquer meios (eletrônico ou mecânico, incluindo fotocópia e gravação) ou arquivada em qualquer sistema ou banco de dados sem permissão escrita da editora.

CONSELHO EDITORIAL
Diretor
Volney J. Berkenbrock

Editores
Aline dos Santos Carneiro
Edrian Josué Pasini
Marilac Loraine Oleniki
Welder Lancieri Marchini

Conselheiros
Elói Dionísio Piva
Francisco Morás
Gilberto Gonçalves Garcia
Ludovico Garmus
Teobaldo Heidemann

Secretário executivo
Leonardo A.R.T. dos Santos

Editoração: Fernando Sergio Olivetti da Rocha
Diagramação: Sheilandre Desenv. Gráfico
Revisão gráfica: Alessandra Karl
Capa: WM design

ISBN 978-85-326-6056-5

Este livro foi composto e impresso pela Editora Vozes Ltda.

Sumário

Prefácio **7**

Introdução **11**

Comentários – Os sacramentos da iniciação cristã **17**

1 Os sacramentos **35**
      Livro I **35**
      Livro II **48**
      Livro III **60**
      Livro IV **69**
      Livro V **83**
      Livro VI **96**

2 Os mistérios **111**

Índice escriturístico **143**

Índice analítico **151**

Prefácio

A era pós-conciliar distingue-se por um retorno sempre mais insistente à evangelização, à Palavra viva, que opera transformação e congrega os eleitos de Deus numa comunidade.

Percebeu-se, sobretudo, a necessidade de preparar Os sacramentos por uma evangelização que leve à verdadeira participação no culto.

Assim, retomamos o fio da história e voltamos ao método certamente eficiente dos Padres da Igreja.

A todos que buscam beber nas fontes da catequese não poderiam, pois, faltar os dois tratados aqui apresentados em versão portuguesa. Ambos nos familiarizam com os textos escriturísticos que fundamentam a doutrina e a vivência dos sacramentos.

Santo Ambrósio, com os profundos conhecimentos da Bíblia e o tino prático de pastor, nos leva a descobrir não apenas a riqueza dos ritos, mas sobretudo a continuidade da história do povo de Deus e sua missão no mundo.

Exprimimos, nesta hora, a nossa gratidão a todos os que empreenderam com coragem e admirável perseverança esta nova mentalidade, que consiste em unir a Palavra de Deus à vida e à expressão máxima do culto.

Como arcebispo de uma das maiores dioceses do Brasil, sentimo-nos sempre mais próximos aos padres, catequistas e demais agentes de pastoral, nos momentos – infelizmente tão curtos – de nosso convívio com o grande mestre e doutor da Igreja.

Pedimos ao abnegado coordenador da pastoral e doutor em Liturgia Cônego Geraldo Majella Agnelo que assumisse a tarefa de rever e completar as notas de Dom Bernard Botte, ilustre entre os mais ilustres conhecedores dos Padres, e confiamos a ele a Introdução especial às duas obras.

Nossa tradução, feita sobre a edição de Sources chrétiennes[1], *procurou ser fiel ao texto latino, sem deixar de ser inteligível a pessoas de mediana cultura. As passagens escriturísticas e toda a parte de referências ficou ao encargo da Professora Maria Angela Borsoi, a quem devemos colaboração fiel e constante em nossas publicações. A assistente*

---

1. Vol. 25bis. Paris: Les Éditions du Cerf, 1961.

social Ana Maria Wey encarregou-se com desvelo insuperável da confecção material do texto.

Aos leitores todos agradecemos as sugestões e prometemos nossa comunhão constante nos trabalhos pelo Reino de Deus.

São Paulo, Páscoa de 1972.
† *Paulo Evaristo Arns*
Arcebispo metropolitano de São Paulo

Introdução

Santo Ambrósio não é apenas uma das personalidades mais imponentes de toda a história da Igreja, mas é igualmente um pastor muito achegado às ovelhas. Se tivesse que dar-lhe um conselho para o estudo de sua obra e vida, diria apenas: leia as 91 cartas que ele próprio reuniu em coleção, e você terá ideia mais segura do que foi a vida e a obra deste homem num período decisivo para a sobrevivência e a renovação do cristianismo.

Quem quisesse edificar-se, talvez recorresse à biografia redigida pelo Diácono Paulino, 25 anos após a morte de Santo Ambrósio.

Os biógrafos costumam reunir as indicações dos escritores contemporâneos, que figuram, aliás, na edição de Ballerini, I, p. XVIs.

Os historiadores traçam o quadro de seu tempo, focalizando a era constantiniana, pois Ambrósio nasceu sob Constantino. Evocam a crise político-eclesiástica sob Juliano o apóstata que ele deve ter analisado por ocasião de seus estudos e no início da carreira administrativa.

Não era, porém, unicamente o esplendor do império que o destinava a grandes feitos, mas também a família, toda imersa na história romana e cristã. O pai, prefeito do pretório para as Gálias, e um dos primeiros funcionários do Império. A mãe, enviuvada desde cedo, educadora dos três filhos: Marcelina, Sátiro e Ambrósio. A irmã recebera o véu de virgem das mãos do próprio Papa Libério, em 353, quando Ambrósio contava de 20 a 30 anos. Nesta hora, já completava a formação literária e jurídica e galgava rápida e airosamente os degraus da carreira administrativa.

Por volta de 370, ei-lo governador da Ligúria e Emília, Província que toca nos Alpes e desce até a Etrúria com sede em Milão.

Apenas catecúmeno, lá estava ele acalmando o povo em 374, quando morria o bispo ariano, e os católicos tentavam eleger um pastor fiel e ortodoxo. Ambrósio será, por ambos os partidos, apontado como sucessor e bispo de uma das mais importantes metrópoles da era. Batizou-se em oito dias, e pouco depois será ordenado.

Iria ensinar, antes de aprender – a expressão é dele. De fato, porém, o bispo daqueles tempos responsabilizava-se por toda a obra assistencial e promocional. Era juiz e administrador, além de sacerdote e doutor.

Não demorou em dar provas de como orientaria a vida. Despojou-se dos bens consideráveis, como mais tarde há de despojar a própria Igreja dos vasos sagrados, para redimir cativos. Abriu de tal forma os portais da residência, que os miseráveis e infelizes aí levantavam acampamento. Para poder assimilar as instruções do sacerdote Simpliciano, seu mestre, e pôr-se a par das publicações de Atanásio, Dídimo, Basílio, Gregório de Nazianzo, retirava-se num cantinho e lia sem mover os lábios, o que causou admiração no próprio jovem Agostinho, habituado a ler, como todos os romanos, em voz alta. Mais ainda impressionou a este mesmo Agostinho o fato de um homem célebre recebê-lo como pai e amar a sua peregrinação como bispo[1]. Nesta hora, porém, nem sequer poderia adivinhar que o mestre Ambrósio utilizaria obras célebres como aquela sobre o Espírito Santo, de São Gregório de Nazianzo, apenas um ano após a elaboração.

Santo Ambrósio será quase inimitável em sua comunicação com o povo e com as grandes figuras da

---

1. *Confissões,* V, 13.

época. Certamente será insuperável na luta pela liberdade e independência da Igreja.

Conselheiro de pobres, será igualmente conselheiro de imperadores. E quando esses últimos se sobrepuserem à justiça, não hesitará em dizer-lhes numa expressão que se tornou clássica – "o imperador se situa dentro da Igreja, e não acima dela". Mas acreditamos que a impressão definitiva, tanto dos intelectuais e poderosos quanto dos ignorantes e miseráveis, será sempre aquela que Santo Agostinho exprimiu: "Comecei a amá-lo, não em primeiro lugar como doutor da verdade... mas como homem que me queria bem". Era o fascínio sempre novo a irradiar-se sobre todos. Era a intuição que abria caminho para o essencial. Era o Pastor e homem público que se inspirava na Palavra de Deus e a aplicava ao dia a dia. Sem gosto e capacidade para a especulação, conseguia exprimir as conquistas dos outros em forma concisa e inspiradora. Chegou a ser original na ascese, moral e liturgia. Chegou a animar todo o culto, por cantos e hinos litúrgicos, a ponto de tornar-se pai do canto litúrgico.

Verdade é que o rito milanês, também chamado ambrosiano, era de inspiração oriental e se desenvolvia exatamente em seu tempo. Sujeito a transformações contínuas, o mesmo rito há de inspirar a Gália e a Espanha.

Esta sedução toda viril, este misto de altivez e popularidade, o tino administrativo e a preocupação unicamente pastoral marcarão toda a produção literária que esse "Doutor da Igreja" nos legou.

Contentar-nos-emos, aqui, com a enumeração e análise sumária, esperando que um dia o leitor chegue a saborear em nossa língua as obras do mestre.

1 Obras exegéticas

Hexaemeron, comentando a criação do mundo, a exemplo de São Basílio, mas de forma a inspirar, não pelas teorias do tempo, mas pelas elevações a Deus, autor e coautor de toda a história.

Além de comentar ainda *Salmos* em duas séries de sermões, demorou-se no *Comentário ao Evangelho segundo São Lucas*, obra considerável, de caráter mais moral do que científico, como era de esperar.

O pendor natural iria, porém, evidenciar-se nas

2 Obras morais

Imitando a Cícero, mas tentando edificar o clero e o povo, escreveu sobre os *Ofícios dos ministros*. Inspirado nas Escrituras e nos conceitos antigos, discorreu sobre o que é honesto, sobre o que é útil e sobre os conflitos que pode haver entre o honesto e o útil.

Preocupado com a imensa força que surgia da participação da mulher na vida da Igreja, especializa-se quase na espiritualidade feminina. Uma série de obras sobre as virgens dá-lhe o título, aliás justo, de "doutor da virgindade".

De fato, porém, volta-se continuamente para o povo e as distorções doutrinárias a que ele está sujeito. O arianismo, que diminuíra a figura de Cristo, era responsável por tais distorções, e por isso lhe provocou uma série de obras. Entre as produções doutrinárias podem alinhar-se também os dois livros que aqui apresentamos em versão portuguesa, além de outro sobre a *Penitência*.

A Igreja será sempre educadora, conforme o espírito de Santo Ambrósio. E nesta educação há de engajar as melhores forças. A defesa dos direitos de Deus e desta mesma Igreja, que enfrenta os problemas nascidos da sociedade e de poderes constituídos, se transforma em dever de pastoral, a que Santo Ambrósio jamais renunciaria.

Em última análise, tudo se concentra sobre a catequese, sobre o relacionamento dos homens entre si e com Deus. Em síntese, poucas vezes superado, será Ambrósio um exemplo para todos os agentes da pastoral.

† Paulo Evaristo Arns

Comentários
Os sacramentos da iniciação cristã

A realidade única, que é a salvação, que é Cristo, foi apresentada com sinais diversos segundo a diversidade do tempo relacionado com Cristo.

O tempo, em relação a Cristo, não é sempre igual. Há um tempo que o precede, há um tempo que o acompanha, há um tempo que o segue.

Os sinais são diversos em razão desta relação, mas são sinais da realidade única e universal, que é a salvação, que é Cristo.

Cristo é o sacramento primordial, o sinal da ação salvífica de Deus, o sinal do amor total, universal. O amor de Deus pelo homem é a realidade da qual Cristo é o sinal.

Do sacramento total, sacramento base, sacramento fonte, derivam todos os sinais, as obras de Cristo, os sacramentos.

Mas Cristo se vê somente com a fé. Quem via a sua figura humana via Jesus, o filho de Maria; quando Jesus pergunta aos apóstolos: "E vós, quem dizeis que eu sou?", eles não respondem: "Tu és Jesus", mas: "Tu és o Cristo", Jesus conclui: "O Pai te revelou".

A fé é, portanto, o trâmite entre os sinais e Cristo. Com a fé se percebe o "sinal" (Cristo fez o sinal, os milagres, e creram nele), se toca a realidade concreta da salvação realizada em Cristo.

Santo Ambrósio inicia a sua exposição sobre os sacramentos colocando em evidência a necessidade da fé que antecede o Batismo. A recepção do Batismo é sinal da fé. Supõe a evangelização e consequentemente a adesão pessoal. O sacramento é, pois, também, resposta do crente. "A fé equivale a um patrimônio eterno." É preciso guardar a fé, muito mais preciosa do que o dinheiro.

Procuramos resumir a doutrina de Santo Ambrósio no *De sacramentis* e no *De mysteriis* em quatro partes distribuídas de modo diverso quanto à extensão e ao aprofundamento: explicação do Batismo, da Consignação, da Eucaristia e da Oração.

1 Explicação do Batismo

Dirigindo-se aos neófitos, Santo Ambrósio distingue bem o rito e a graça produzida. O rito é carregado de simbolismos que vêm de encontro à própria natureza espiritual e sensível do homem e procura reviver, no seu desenrolar, etapas marcantes do processo de salvação decretado por Deus.

Por isso, o sacramento explicado ao neófito tem uma pré-história antes de Cristo. Cristo, ao instituir os sacramentos, serviu-se de sinais sagrados preexistentes. Cristo é o instituidor dos sacramentos porque somente Ele dá o conteúdo da realidade que fora preanunciada, preparada em todo o Antigo Testamento, conteúdo que Ele alcançou com a sua redenção copiosa.

O simbolismo eficaz é particularmente desenvolvido por Santo Ambrósio. As águas batismais, por exemplo, são eficazes porque o Espírito Santo, como outrora o anjo da piscina[1], desce sobre elas e lhes comunica, por sua presença, o poder de curar as enfermidades de nossas almas[2]. A consagração das águas e o mistério da cruz atraem o Espírito Santo sobre elas e as tornam salutares[3].

---

1. Jo 5,4.
2. *Myst.* 19. • *De Spiritu Sancto* I, VI, 77.
3. *Myst.* 8, 14, 20.

No Batismo, vemos a água, o bispo e o levita, que nos lembram inocência, piedade, graça e santificação. Por isso, as coisas que não se veem são maiores que as que se veem[4].

1) Espécies de Batismos – Há muitos batismos, mas um só Batismo, conforme exclamação do apóstolo[5]: batismos ou abluções dos pagãos e dos judeus[6]. O motivo dos ritos de purificação não é limpeza nem higiene, mas simbólico: libertar-se do mal, renovar-se espiritualmente. A água não só purifica, mas tem um poder de transmissão de vida, de comunicação.

O uso da água em rito religioso de iniciação ou purificação, como também é atestado por Santo Ambrósio, é universal em todos os tempos. Santo Ambrósio reconheceu que tais ritos no paganismo e no judaísmo são supérfluos, mas são figurativos e úteis, pois a figura "é mensageira da verdade"[7].

2) Figuras do Batismo no Antigo e no Novo testamentos – Numerosas vezes, Santo Ambrósio retoma

---

4. *Sacr.* I, 10. • *Myst.* 6, 8.
5. Ef 4,5.
6. *Sacr.* II, 2.
7. *Sacr.* II, 2.

a tipologia do Batismo nas Escrituras. As principais figuras são:

a) *Dilúvio*[8]: sinal do Batismo cristão. Santo Ambrósio ressalta a existência de um sentido cristão anterior mesmo ao hebraísmo. O dilúvio faz morrer o pecado e preservar a justiça. No Batismo, são apagados todos os pecados, enquanto apenas o espírito e a graça do justo ressuscitam[9].

b) *Passagem peto Mar Vermelho*[10]: libertação. Libertação é a ideia básica do Batismo. Vitória sobre o poder do mar: poder de destruição para o Egito; poder de nova vida para os judeus. A culpa e o erro são abolidos, enquanto a piedade e a inocência atravessam intactas.

A travessia do mar era figura. Depois de atravessá-lo, os judeus morreram pelo deserto. Mas o Batismo cristão faz passar das coisas terrenas para as celestiais; do pecado para a vida; da culpa para a graça; da imundície para a santificação. O que passa pela fonte batismal não morre, mas ressuscita[11].

Para conduzir o povo de Deus, havia a coluna de luz, durante a noite, e a coluna de nuvem durante o dia.

---

8. *Sacr.* I, 23; II, 1.
9. *Myst.* 12.
10. *Sacr.* I, 20. • *Myst.* 12.
11. *Sacr.* I, 12.

A luz é Cristo, é a verdade. A nuvem lembra a sombra do Espírito Santo[12].

c) *Cura de Neman*: 2Rs 1,14[13] – Para Neman, há rios até melhores na Síria, mas é no Rio Jordão que encontrará a cura de sua lepra. Cura a água que tem a graça de Cristo. Uma coisa é o elemento, outra a santificação. A água não cura, a não ser que o Espírito Santo tenha descido e santificado aquela água.

A escrava judia entre os sírios é figura da Igreja[14].

d) *A piscina de Bezata*: Jo 5,4[15] – A piscina, onde o anjo descia e agitava suas águas de modo a curar o primeiro que nela descesse, representa Cristo que deve vir. Os sinais da movimentação da água e a cura são para os que não creem, a fé porém para os que creem[16].

Curava-se o que descia por primeiro, isto é, o povo judeu. No entanto, maior sem conta é a Igreja na qual se salvam todos os que nela entram[17].

---

12. *Sacr.* I, 22. • *Myst.* 13.
13. *Sacr.* I, 13-14. • *Myst.* 16-19.
14. *Sacr.* II, 8.
15. *Sacr.* II, 3. • *Myst.* 22-24.
16. *Sacr.* II, 4.
17. *Sacr.* II, 5.

Nosso Senhor vai à piscina e o paralítico se cura. É Cristo que cura. É preciso sempre um homem para salvar, para fazer descer à piscina.

3) O Batismo de Cristo e a instituição do Batismo cristão – Santo Ambrósio afirma que Cristo instituiu o Rito do Batismo quando se dirigiu a João para ser batizado[18], indicando a necessidade de todo o homem passar por esse sacramento para ser purificado. Ele insiste no sentido purificador do Batismo[19].

Entretanto, a explicação de Santo Ambrósio sobre o Batismo de Cristo não visa tanto dar as razões profundas do gesto de Cristo, como explicar as características com que se revestiu o acontecimento. O Espírito Santo não se tornou pomba, mas desceu como se fora pomba para haver um sinal[20]. Cristo assumiu a carne, mas não como carne.

Desceu primeiro Cristo, depois o Espírito Santo: a explicação é que Cristo não precisava do mistério da santificação, sendo que Ele santifica e o Espírito Santo também.

A presença da Trindade se completa no Batismo de Cristo quando do céu fala o Pai[21]. Cristo ordenou

---

18. *Sacr.* I, 15.
19. *Sacr.* I, 16.
20. *Sacr.* I, 17. • II, 14.
21. *Sacr.* I, 19.

aos apóstolos que batizassem todas as nações em nome do Pai, do Filho e do Espírito Santo[22].

Há sempre uma virtude com a qual os sinais antigos operavam; no Batismo cristão, no entanto, é a própria Trindade que opera[23]. A água batismal será doce, terá eficácia porque recebeu a cruz de Cristo[24].

4) Significado do Batismo – O homem seria imortal se não pecasse[25]. Em consequência do pecado, por sentença divina, o homem tornou-se sujeito à morte e foi expulso do paraíso.

Encontrou-se um remédio: que o homem morresse e ressuscitasse, a fim de que o que antes servira à condenação servisse agora como benefício. Quando se morre, cessa-se de pecar, desiste-se do pecado. Cristo proporcionou a ressurreição que restaura nossa natureza. A ressurreição é o momento em que passamos da morte para a vida: no Batismo, a ressurreição da fonte é uma regeneração[26].

O Batismo é o desígnio de Deus para restaurar a humanidade pecadora[27].

---

22. *Sacr.* I, 10.
23. *Sacr.* II, 11-12; VI, 5.
24. *Sacr.* II, 13.
25. *Sacr.* II, 17.
26. *Sacr.* III, 2.
27. *Sacr.* II, 18.

A fonte é uma sepultura onde se morre vivo, e se ressuscita enquanto vivo[28]. Batizar na morte de Cristo é morrer para o pecado[29]. No Batismo, somos crucificados com Cristo[30].

5) Explicação do Ritual do Batismo – Para se ter ideia do Ritual do Batismo é necessário recordar suas várias etapas no rito ambrosiano.

Na primeira semana da Quaresma, os catecúmenos, julgados aptos para receberem o Batismo no Sábado Santo, apresentavam-se aos fiéis e eram chamados "competentes".

No segundo domingo, inscreviam-se os seus nomes, e no sábado seguinte tinha lugar o primeiro escrutínio. Recitavam-se diversas orações sobre os catecúmenos e estes recebiam a bênção do sacerdote, após o que se retiravam. No Domingo de Ramos, dava-se a entrega do símbolo. As fontes batismais eram bentas na vigília pascal, antes do Batismo.

O rito do "Éfeta" se fazia no sábado santo, à hora mesma do Batismo. Usava-se o óleo santo e não saliva.

---

28. *Sacr.* II, 19.
29. *Sacr.* II, 23.
30. *Sacr.* VI, 8.

Cada catecúmeno devia renunciar ao demônio e suas obras, ao mundo e sua luxúria e prazeres. O batizando voltava-se então para o Ocidente, onde supunha estar o demônio, e cuspia em sua direção; em seguida, voltava-se para o Oriente como para Cristo[31].

Procedia-se aos exorcismos cujo rito principal era a imposição das mãos, praticado também nas vigílias. O exorcismo comportava ainda o sinal da cruz sobre os catecúmenos e a imposição do sal.

Junto à fonte, o bispo invocava o nome do Pai, a presença do Filho e do Espírito Santo[32]. O Espírito Santo, no Batismo de Cristo e em Pentecostes, veio na forma de pomba para dar um sinal aos não crentes. A nós, porém, se oferece o privilégio da fé, a nós importa compreender a verdade, já não por um sinal, mas pela fé[33].

O toque nos ouvidos e nas narinas é para significar a abertura à Palavra de Deus[34]. O cristão deve ser o bom odor de Cristo para irradiar o perfume da fé e da devoção[35].

Chegados à fonte, o catecúmeno é acolhido e ungido para ser atleta de Cristo, para receber a coroa: o

---

31. *Myst.* 7.
32. *Sacr.* II, 14. • *Myst.* 21.
33. *Sacr.* II, 15.
34. *Sacr.* I, 2. • *Myst.* 3-4.
35. *Sacr.* I, 3.

mérito se adquire nesta vida, a coroa, porém, no céu[36]. A unção se faz sobre a cabeça, onde está a sabedoria. Sabedoria e mais a graça perfazem a obra perfeita que é a regeneração[37].

É importante a renúncia, onde se empenha a palavra dada, como quando se assinam promissórias. O lugar é diante do altar e do ministro do Cristo. Os homens junto ao altar são anjos, águias anunciadoras[38]. João Batista é um anjo; o sacerdote também o é e não pelos méritos pessoais[39]. É preciso, pois, prudência para guardar a caução, a promessa[40].

O mergulho na água lembra que da água teve origem a vida. O cristão é como peixe no mar do mundo[41]. As águas do Batismo não são vazias. Elas contêm uma virtude invisível aos olhos do corpo, mas que a fé deve discernir[42]. A cruz de Cristo santifica a água batismal no momento em que esta água é abençoada.

Santo Ambrósio afirma além do mais a necessidade de um terceiro elemento: a fórmula trinitária[43]. A

---

36. *Sacr.* I, 4.
37. *Sacr.* III, 1. • *Myst.* 30.
38. Sacr. I, 6. • *Myst.* 5.
39. *Sacr.* I, 7.
40. *Sacr.* I, 8.
41. *Sacr.* III, 3.
42. *Myst.* 15.
43. *Myst.* 20. • *De Spiritu Sancto* 1.II, c. II, 42, 43.

imersão é imagem da morte do pecado, que é sepultado nas águas.

O lava-pés completa o Rito do Batismo e significa: humildade, graça, santificação. Santo Ambrósio justifica a manutenção desse rito na Igreja de Milão[44].

2 Consignação

A Consignação ou Confirmação é ministrada em conjunto com o Batismo e a Eucaristia, como iniciação cristã. É o selo espiritual, o aperfeiçoamento após a descida à fonte. "Dá-se ela na hora em que é infundido o Espírito Santo, ao ser invocado pelo bispo o espírito de sabedoria e inteligência, o espírito de conselho e de força, o espírito do conhecimento e da piedade, o espírito do santo temor"[45].

Santo Ambrósio recorda o efeito do Batismo e da Consignação, comparando-o ao que se deu na cura do cego de nascença[46]: curado pelo Enviado, Siloá, o Messias, agora estão abertos os olhos; no Batismo e na Consignação, abrem-se os olhos do coração.

---

44. *Sacr.* III, 4, 5, 7. • *Myst.* 31, 33.
45. *Sacr.* III, 8-9. • *Myst.* 42.
46. *Sacr.* III, 11.

3 A Eucaristia

Depois de passar pela primeira tenda que é o Batismo, o neófito será introduzido na segunda tenda, onde no Antigo Testamento se conservavam o maná, o bastão reflorido de Aarão e o altar dos perfumes[47].

Esta lembrança serve para introduzir o sentido do rito que vem a seguir. Os neófitos fazem parte agora do povo sacerdotal e penetram o santuário com a veste branca da inocência readquirida para alimentar-se do pão descido do céu que está sobre o altar[48].

1) Figuras da Eucaristia no Antigo Testamento – Os sinais sagrados cristãos preexistiram figurativamente no Antigo Testamento[49].

O maná do deserto é figura da Eucaristia[50].

Melquisedeque ofereceu pão e vinho. O seu sacerdócio, como explica São Paulo, é figura do sacerdócio de Cristo, por não se prender a um sacerdócio hereditário[51].

---

47. *Sacr.* IV, I.
48. *Sacr.* IV, 2-6; 7-8. • *Myst.* 34, 41, 43.
49. *Sacr.* IV, 11. • *Myst.* 44.
50. *Sacr.* IV, 9, 24. • *Myst.* 47-49.
51. *Sacr.* IV, 10, 12; V, 1. • *Myst.* 45-46.

2) Cristo, autor dos sacramentos[52] – O pão se consagra pelas próprias palavras da instituição repetidas pelo celebrante[53], sem se notar a importância da epiclese. A Palavra de Deus tem força criadora, e por isso na consagração tem capacidade para transformar o pão no Corpo de Cristo[54]. A ação da palavra de Cristo é criadora e transformadora. Se Deus pôde criar, e, na história do povo de Deus, pôde tantas vezes operar milagres, pode também agora transformar o pão no Corpo e o vinho no Sangue de Cristo[55].

O vinho é o símbolo do Sangue de Cristo, isto é, sinal que contém a realidade, e não apenas a figura do Sangue de Cristo[56]. No mesmo sentido, o vinho é a imagem do Sangue de Cristo[57].

Santo Ambrósio dá particular importância à repetição da narração da instituição do Evangelho para operar a consagração[58].

---

52. *Sacr.* IV, 13.
53. *Sacr.* IV, 14.
54. *Sacr.* IV, 14-15. • *Myst.* 50.
55. *Sacr.* IV, 18-19.
56. *Sacr.* IV, 20.
57. *Sacr.* VI, 2.
58. *Sacr.* IV, 21-23; VI, 3. • *Myst.* 54.

A Eucaristia é memorial deixado pelo Senhor[59]. O que se realiza é a lembrança da Paixão, Morte, Ressurreição e Ascensão de Cristo[60].

Santo Ambrósio interpreta a mistura da água e do vinho: a água que o povo de Deus bebeu no deserto saiu da rocha que era Cristo[61]. Do lado de Cristo aberto pela lança saiu sangue e água: água para purificar, sangue para resgatar. Do lado do homem, surgiu a mulher da qual veio a culpa; do lado de Cristo, veio a graça.

Do n. 5 ao 17 do Livro V dos *Sacramentos*, Santo Ambrósio faz longa exposição sobre o sentido místico do vinho nas Escrituras, sobretudo no Cântico dos Cânticos e no Sl 22.

4 A oração

A confiança da oração vem da graça de Cristo. Proclamar o que se recebeu não é soberba, mas devoção. Gerados filhos de Deus pelo Batismo, podemos chamar: Pai nosso[62].

1) A Oração do Senhor – Pai dos céus. Céu, onde não há culpa, onde a morte já não fere[63].

---

59. *Sacr.* IV, 26, 28.
60. *Sacr.* IV, 27.
61. *Sacr.* V, 3.
62. *Sacr.* V, 18-19.
63. *Sacr.* V, 20.

Seja santificado: ação santificante do Pai chegue até nós[64].

O reino vem quando chega a graça[65].

Seja feita a tua vontade; haja paz na terra e no céu[66].

O pão nosso de cada dia (em grego: substancial), necessário todos os dias. Quem não merece receber todos os dias não merecerá receber uma vez ao ano[67].

Dá-nos hoje: o hoje é o dia em que Cristo ressurge para ti[68].

Perdoa-nos as ofensas, isto é, o pecado; perdoa como perdoo[69].

E não nos deixes cair em tentação, aquela a que não podemos resistir[70].

2) Como rezar – Em todo lugar[71]. Entrar no quarto[72]. Não há contradição, porque o entrar no quarto significa rezar no coração; fechada a porta: rezar no

---

64. *Ib.* 21.
65. *Ib.* V, 22.
66. *Ib.* 23.
67. *Ib.* 24-25.
68. *Ib.* 26.
69. *Ib.* 27-28.
70. *Ib.* 29.
71. 1Tm 2,8.
72. Mt 6,6.

íntimo[73]. Rezar no íntimo, porque Deus perscruta os corações.

Importante, rezar em toda a parte com mãos puras, sem ira, e sem discussões para que "teus próprios delitos te sejam perdoados"[74]. Rezar sem discussões, pois a discussão é prova do interesseiro. A mulher reze sem adornos e joias; seus adornos, na oração, devem ser interiores[75].

A oração deve começar com o louvor, vindo depois a súplica, o pedido, a ação de graças. O "Pai-nosso" e o Sl 8 são modelos de oração[76].

Côn. Dr. Geraldo Majella Agnelo

---

73. *Sacr.* VI, 15.
74. *Sacr.* VI, 18-20.
75. *Sacr.* VI, 20-21.
76. *Sacr.* VI, 22-25.

1
Os sacramentos

Livro I

1 ¹Nesta hora, daremos início à explicação dos sacramentos que acabais de receber. Não convinha antecipá-la, pois, para o cristão, a fé¹ antecede todo o mais. Por isso mesmo, em Roma, são chamados "homens de fé" os que foram batizados. Também nosso Pai Abraão foi justificado pela fé, e não pelas obras². Concluiríamos assim: recebestes o Batismo, tendes fé. Não seria justo

---

1. A fé antecede ao Batismo. Deus nos justifica pela fé da qual o Batismo é o sinal. Já São Paulo aos Romanos (4,11) falara da circuncisão de Abraão como sinal da santidade que provém da fé.
2. Cf. Rm 4,1-22.

que eu julgasse de outra forma, pois não terias sido chamado para a graça, caso o Cristo não te tivesse julgado digno por sua graça.

²Que é que fizemos, pois, no sábado? Foi a abertura³. Estes mistérios da abertura foram celebrados na hora em que o bispo tocou teus ouvidos e narinas. O que é que isto significa? No Evangelho, Nosso Senhor Jesus Cristo, ao ser-lhe apresentado um surdo e mudo, tocou os ouvidos e a boca. Os ouvidos⁴, porque era surdo. A boca, porque mudo. Exclamou então: *"Effetha!"*⁵, palavra hebraica que significa: "Abre-te!" Foi por isso que o bispo tocou teus ouvidos para que eles se abrissem à palavra e à alocução do bispo.

³Tu, porém, me perguntas: Por que as narinas?⁶ Naquela cena, tocou a boca porque era mudo, e para

---

3. Sobre a abertura (*apertio*), Hipólito menciona três ritos sucessivos aplicados na vigília do Batismo: Imposição das mãos, sopro, consignação da fronte, dos ouvidos e das narinas. Não fala ele nem da saliva, nem do óleo (*Tradição apostólica* Petrópolis: Vozes, 1972, n. 40-44).
4. Mc 7,34. Em *Myst.* aparece como fórmula litúrgica.
5. Esta abertura se faz fora do batistério. Cf. *Sacr.* II, 4.
6. Percebe-se o embaraço do autor para explicar o toque das narinas. Cf. tb. *Myst.* 4. Não basta a explicação por Mc 7,34. Cf. DOELGER. *Der Exorcismas im Altchristlichen Taufritual.* Paderborn, 1909, p. 130-137. Santo Ambrósio explica o rito litúrgico do "Éfeta" pela ação de Cristo ao Evangelho. A explicação é mística e não científica. Difícil o recurso ao rito do toque nas narinas buscando significado no Evangelho.

que recebesse a voz de Cristo, uma vez que era incapaz de pronunciar os mistérios celestes. Tocou a boca por tratar-se de homem. Aqui, toca as narinas, pois batizam-se mulheres[7]; acresce ainda que a pureza do servo (bispo) não é tão grande quanto a do Senhor, uma vez que este perdoa os pecados, enquanto ao servo, se lhe perdoa. Como, pois, compará-los entre si? Significando a graça do ato e da função[8], o bispo não toca a boca, e sim as narinas. Por que as narinas? Para perceberes o fino odor da bondade eterna, e dizeres: *Somos o fino odor de Cristo para Deus*[9], como se exprimiu o santo apóstolo. E ainda para que haja em ti total irradiação perfumada de fé e devoção.

2 [4]Chegamos à fonte. Entraste. Foste ungido[10]. Considera a quem viste, pensa no que disseste e recorda com exatidão o que aconteceu. Um levita te acolheu; acolheu-te um presbítero. Foste ungido como atleta de Cristo[11]. Aprestando-te para a luta deste século XX, te

---

7. Em VI, 17 voltará a insistir sobre a muita fala das mulheres.
8. O ato também se faz em favor de quem já fala bastante e se realiza pela função do bispo que precisa de perdão também ele.
9. 2Cor 2,15.
10. Provavelmente a unção terá sido feita pelo bispo. Na *Tradição apostólica*, de Hipólito, o rito é executado pelo bispo.
11. A imagem lembra uma unção sobre o corpo inteiro, como no Oriente. A unção tem lugar antes da renúncia e aparece como rito de exorcismo. Cf. tb. CIRILO DE JERUSALÉM. *Cat. Myst.* 2, 3. • HIPÓLITO. *Tradição apostólica*. Petrópolis: Vozes, 1972, n. 46. Al-

empenhaste de público nos exercícios do combate. Aquele que luta tem o que esperar. Onde há combate, há coroa[12]. Lutas no mundo, mas és coroado por Cristo e é pelos combates neste mundo que és coroado. Embora a recompensa se dê no céu, é aqui no entanto que se estabelece, se mereces ou não o prêmio.

[5]Quando te perguntaram: *Renuncias ao diabo e às suas obras?*, que respondeste? – *Renuncio. Renuncias ao mundo e a seus prazeres?*, que respondeste? – *Renuncio*[13]. Lembra-te de tua promessa, e não te esqueças jamais das consequências de tua palavra empenhada. Na hora em que se entregam as promissórias assinadas a alguém, estabelece-se um compromisso; para se receber o dinheiro dele, está-se vinculado; e na hora do protesto, o credor coage. Caso alguém recuse, será levado a juízo e autuado pela garantia que deu.

[6]Considera onde fizeste a promessa e a quem a fizeste. Viste um levita; é ministro de Cristo. Viste-o

---

guns sacramentários do século VIII trazem a unção após a renúncia. Daí estes dois ritos, quanto à ordem cronológica, serem explicados de modo diverso pelos Padres da Igreja.
12. Cf. 1Cor 9,24-25.
13. Depois do ingresso na fonte, o rito principal antes da imersão é a renúncia. Este rito vem depois da unção. Na unção está a força atlética. A renúncia é feita por dupla interrogação. No rito romano a fórmula é tríplice. O vocabulário não é preciso. Santo Ambrósio ora emprega *diabolus*, ora *satanás*, ora *mundus*, ora *saeculum*, e até *luxúria*. Contudo, o sentido de *pompa* é mais preciso: significa *saeculum, voluptas, luxúria*.

desempenhar o ministério diante do altar. Portanto, a letra assinada não é guardada na terra, mas no céu. Considera o lugar em que recebes os sacramentos celestiais. Se aqui se encontra o Corpo de Cristo, também aqui estão presentes os anjos: *onde se acha o cadáver, lá igualmente se ajuntam as águias*[14], leste no Evangelho. No lugar em que se encontra o Corpo de Cristo, lá também costumam sobrevoar as águias, para fugirem ao que é terreno e se lançarem ao encontro do que é celeste. Por que digo isso? Porque também os homens, sempre que anunciam o Cristo, são anjos, e parecem destinados a tomar o lugar dos anjos.

[7]Como? Repara no que segue: O Batista era João, nascido de homem e de mulher. No entanto, escuta como também ele é anjo: *Eis que envio o meu anjo diante de tua face; preparar-te-á o caminho*[15]. Vê ainda outro exemplo. O Profeta Malaquiel diz *que os lábios do sacerdote guardam a ciência e de sua boca se reclamará a lei, porque ele é o anjo de Deus Onipotente*[16]. Arrolamos esses fatos para pormos em evidência o esplendor do sacerdócio e não para que se atribua o que quer que seja a nossos méritos pessoais.

---

14. Mt 24,28.
15. Mt 11,10.
16. Ml 12,7. A forma Malaquiel não é desconhecida, mas relativamente rara. Cf. CAPELLE, B. *Bulletin d'Ancienne Litérature Chrétienne Latine*, 1, 1921-1928, p. 22-23.

⁸Portanto, renunciaste ao mundo, renunciaste ao século. Sê vigilante. Aquele que tem dívida respeita sempre a caução. Por conseguinte, tu que deves a fé ao Cristo guarda esta fé, muito mais preciosa que o dinheiro. De fato, a fé equivale a um patrimônio eterno; o dinheiro, a um patrimônio temporal. Lembra-te, pois, também tu, continuamente, daquilo que prometeste, e serás mais prudente. Se guardares tua promessa, guardarás também a caução.

3 ⁹Em seguida, te aproximaste mais; viste a fonte e viste também o bispo junto a ela. Parece fora de dúvida que, em vosso espírito, tenha acontecido o que aconteceu no de Neman o Sírio: pois, embora tenha sido purificado, não deixou de ter inicialmente suas dúvidas. Por quê? É o que passo a explicar. Ouve:

¹⁰Entraste. Viste a água. Viste o bispo. Viste o levita[17]. Alguns talvez digam: E é tudo? De fato: é tudo. Onde se encontra a inocência toda, está tudo: a piedade toda, toda a graça e toda a santificação. Viste o que pudeste ver com os olhos do corpo e os olhares humanos. Não viste, porém, o que se produziu, apenas o que aparece. As coisas que não se veem são muito maiores do

---

17. Cf. *Sacr.* II, 16.

que as que se veem, *porque as que se veem são temporais, as que não se veem, porém, eternas*[18].

4 [11]Comecemos, então, por aí. Guarda a caução da minha palavra e acompanha-me até o fim: admiramos os mistérios dos judeus, confiados aos nossos pais. Para começar, são eles extremamente valiosos, já pela antiguidade dos sacramentos. E, além disso, pela santidade. Repara, no entanto, que te colocamos diante dos olhos sacramentos cristãos, mais divinos e mais antigos que os dos judeus.

[12]Existiria algo mais importante do que a travessia do mar[19] pelo povo judeu, para exaltarmos nesta hora o Batismo? O confronto começa por aí: os judeus que atravessaram o mar morreram todos no deserto[20]; aquele no entanto que atravessa esta fonte, isto é, que passa das coisas terrenas para as celestiais – afinal é uma passagem, por isso, páscoa, trânsito, quer dizer, trânsito de quem passa do pecado para a vida? da culpa para a graça, da

---

18. 2Cor 4,18.
19. A travessia do mar feita pelo povo hebreu é um dos tipos ou figuras do Batismo por causa do significado de libertação que é ideia básica do Batismo. A caminhada longa através do deserto dá ideia de um povo em marcha, em procura. O Batismo nos faz membros de uma Igreja peregrina.
20. Cf. Jo 6,49.59.

imundície para a santificação[21]. O que passa por esta fonte – é certo – não morre, mas ressuscita.

5 [13]Neman era, como sabes, leproso[22]. Uma escrava qualquer diz à mulher dele: – Se meu senhor quiser ficar bom, vá à terra de Israel e aí encontrará quem lhe tire a lepra. A escrava o diz à sua senhora; a esposa ao marido; Neman ao rei da Síria! Este, então, por causa da altíssima consideração, o enviou ao rei de Israel. Ouviu o rei de Israel, que lhe fora enviado um leproso para que o curasse e rasgou a veste. Eliseu, o profeta, entra em cena para mandar-lhe dizer: Por que é que rasgaste a veste? Como se não houvesse um Deus capaz de purificar o leproso! Passe-o para mim. O rei lhe passou o homem. Logo ao chegar, ouviu o profeta que lhe dizia: Vai, desce ao Jordão, toma banho e estarás curado.

[14]Pôs-se o leproso a refletir e a dizer. É tudo? Vim da Síria até à terra dos judeus e para me dizerem: Vai ao Jordão, toma banho e estarás curado? Como se os rios, na minha pátria, não fossem melhores. Acorreram

---

21. Sobre este tipo de batismo, cf. DANIÉLOU, J. "Traversée de la Mer Rouge et baptème aux premiers siècles". *Recherches de Science Religieuse*, 33, 1946, p. 402-430.
22. 2Rs 5,1-14.

então os funcionários e ponderaram: Senhor, por que não aceitar a palavra do profeta? Tenta de qualquer jeito e embarca na ordem. Dirigiu-se, então, ele ao Jordão, banhou-se, e saiu curado.

¹⁵Qual é, pois, o significado de toda essa história? Tu viste a água. Ora, nem toda a água cura. Tem poder de curar a que possuir a graça de Cristo. Uma coisa é o elemento; outra, a santificação. Uma coisa é o ato; outra, a eficácia. O ato é da água. A eficácia, do Espírito Santo. A água não cura, a não ser que o Espírito Santo tenha descido e santificado aquela água[23]. Foi assim que leste: quando Nosso Senhor Jesus Cristo instituiu o rito do Batismo, dirigiu-se a João e este lhe disse: *Sou eu que devo ser batizado, e és Tu que vens a mim*[24]. Respondeu-lhe Cristo: *Deixa, por ora. Pois convém que cumpramos toda a justiça*[25]. Vê, pois, como toda a justiça repousa sobre o Batismo.

¹⁶Por que desceu Cristo, senão para que esta carne fosse purificada? Carne que aliás assumiu de nossa condição. Cristo não necessitava de purificação de pecados,

---

23. Santo Ambrósio volta por diversas vezes a falar desta consagração da água. Cf. *Sacr.* I, 18; II, 14. • *Myst.* 8. 20. 22.
24. O Batismo de João anunciava um outro batismo e se destinava a preparar a vinda do Messias, sendo sinal de penitência e conversão.
25. Mt 3,14-15.

porque não fez pecado[26]. Mas nós necessitamos dela, porque continuamos sujeitos ao pecado. Aí está a conclusão: se o Batismo existe para nós, seu rito foi constituído em nosso favor, seu rito foi proposto à nossa fé.

[17]Desceu o Cristo até o rio. João lá estava batizando. E eis que o Espírito Santo baixou como pomba. Não foi uma pomba que desceu, mas como pomba desceu Ele. Recorda o que eu disse: Cristo assumiu carne. Desta vez não como se fosse carne, e sim sendo carne na realidade. Cristo, de fato, a assumiu. O Espírito Santo desceu do céu em forma de pomba[27], não na realidade de uma pomba, mas sob a aparência dela. João, pois, viu e acreditou.

[18]Desceu o Cristo, depois também o Espírito Santo. Por que desceu primeiro o Cristo, depois o Espírito Santo, se o rito habitual do Batismo comporta que primeiro a fonte seja santificada e depois desça a ela quem deve ser batizado? O bispo, ao entrar, faz o exorcismo sobre a criatura que é a água. Seguem a invocação e a prece, para que se santifique a fonte e aí se manifeste a presença da Trindade Eterna[28]. Cristo, porém, desceu

---

26. 1Pd 2,22.
27. Em *Sacr.* II, 14 se explica por que em forma de pomba.
28. A respeito da bênção das águas batismais, cf. NEUNHEUSER, B. "De benedictione aquae baptismalis". *Ephemerides liturgicae*, 44, 1930.

primeiro e o Espírito o seguiu. Por que razão? Para que não se fixasse a impressão de que o próprio Senhor Jesus necessitasse do mistério da santificação, mas se desse a entender que Ele próprio santifica e que também o Espírito santifica.

[19]Portanto, desceu Cristo para a água e o Espírito Santo baixou como pomba. Também o Pai, por sua vez, falou do céu[29]. Estás, aí, em presença da Trindade.

6 [20]O que se deu no Mar Vermelho, figura deste Batismo, no-lo diz o apóstolo nestes termos: *Nossos pais foram todos batizados na nuvem e no mar*[30], e acrescenta: *tudo isto, porém, se realizou em favor deles, por figura*[31]. Para eles, em figura, mas, para nós, de verdade. Naquela hora Moisés segurava o bastão, e o povo judeu se via cercado. De um lado, o egípcio pressionando com o exército, e, de outro, os hebreus cercados pelo mar. Não tinham como atravessar o mar, nem tampouco como investir contra o inimigo. Acabaram então pondo-se a murmurar[32].

---

29. Cf. Mt 3,16-17.
30. 1Cor 10,2.
31. 1Cor 10,11. Figura contrapõe-se à realidade, à verdade. A figura é o anúncio, a profecia; tem valor até o momento em que dá lugar à realidade que anunciava e vale enquanto revela a realidade.
32. Cf. Ex 14,9-11.

²¹Vê que não te deixes seduzir, por terem sido eles atendidos. Embora os atendesse o Senhor, não estavam isentos de culpa por terem murmurado. Quando te sentires angustiado, acredita que há saída, sem murmúrio. É hora de ires invocando e rezando, sem te enterrares em queixas.

²²Moisés tinha em mãos o bastão e guiava o povo hebreu. Durante a noite, por uma coluna de luz, e, durante o dia, por uma coluna de nuvem[33]. Luz, o que é, senão a verdade, que difunde luz visível e clara? Coluna de luz, quem é, senão o Cristo Senhor, que baniu as trevas da infidelidade e infundiu a luz da verdade e da graça espiritual no coração dos homens? Mas a coluna da nuvem é o Espírito Santo. O povo estava no mar e precedia-lhe a coluna da luz. Atrás vinha a coluna da nuvem como sombra do Espírito Santo. Vês que pelo Espírito Santo e pela água nos foi prefigurado o Batismo.

²³Também no dilúvio já se encontra a figura do Batismo[34]. Aliás, naquele tempo, certamente ainda não

---

33. Cf. Ex 13,21.
34. O simbolismo batismal do dilúvio tem sua origem em 1Pd 3,21. Cf. DANIÉLOU, J. "Déluge, Baptême, Jugement". *Dieu vivant*, VIII, p. 103-107. • LUNDBERG. *Typologie baptismale*, p. 73-116.

existiam os mistérios[35] dos judeus. Se é fato que o rito do nosso Batismo veio antes do dilúvio, já percebes que os mistérios cristãos são mais antigos do que os dos judeus.

[24]Mas, por ora, em vista da debilidade de minha voz e do curto espaço de tempo de que dispomos, bastará por hoje termos saboreado os mistérios que dizem respeitos à fonte sagrada. Amanhã, se o Senhor me der força e eloquência, espero aprofundar mais o ensinamento. Importa que vós, como santos, tenhais os ouvidos atentos e o coração bem-disposto, a fim de poderdes guardar o que conseguimos recolher das passagens das Escrituras que seguirem, depositando-o em vosso íntimo, para terdes a graça do Pai, do Filho e do Espírito Santo, essa Trindade a quem pertence o Reino Eterno, desde sempre, agora e para sempre e pelos séculos dos séculos. Amém.

---

35. Mistério, etimologicamente, não é "o que está oculto", mas a "revelação daquilo que era oculto". Cícero traduz μυστήρια por "initia": iniciação (μυεῖν: Iniciar em, ensinar mais o sufixo τήριον: o lugar onde se faz a ação). No mistério de Cristo, portanto, Cristo é o modo, o lugar, o momento no qual Deus se revela. Mistérios judeus são, pois, acontecimentos, ações que têm um significado que supera o acontecimento em si e são por isso figura, profecia da realidade plena que está por acontecer.

Livro II

1 ¹O dilúvio também foi imagem[36] do Batismo conforme começamos a explicar ontem[37]. O que é o dilúvio, senão o meio de o justo se preservar para disseminar a justiça e o meio de o pecado morrer? Por isso o Senhor, vendo fervilhar os crimes dos homens, preservou apenas o justo com sua descendência, ordenando que a água transpusesse mesmo o cimo das montanhas. Assim, pois, naquele dilúvio, desapareceu toda a corrupção da carne, enquanto permaneceu apenas a raça e o modelo do justo[38]. Não seria, pois, então o dilúvio o que é o Batismo? Por este último são apagados todos os pecados, enquanto apenas o espírito e a graça do justo ressuscitam.

²Há muitas espécies de batismos, mas um só é o Batismo, conforme exclama o Apóstolo[39]. Por quê? Existem os batismos de pagãos, mas não são batismos. São abluções, não podem ser Batismo. Lava-se a carne, não se apaga a culpa; pelo contrário, nesta ablução,

---

36. Imagem, no sentido antigo (semelhança ou ser semelhante), é o ser criado enquanto representa a ideia do ser (Aristóteles: os universais). A imagem é um modo de tornar presente a realidade. Santo Ambrósio aqui não emprega imagem com a mesma precisão como no seu *De Interpretatione Job et David*, 4,29. Imagem aqui é empregada em lugar de figura.
37. Cf. *Sacr.* I. 23.
38. Cf. Gn 7,17-23.
39. Ef 4,5.

contrai-se culpa. Existiam os batismos dos judeus, uns supérfluos, outros figurativos. A figura nos é também útil, porque mensageira da verdade.

2 [3]O que foi mesmo lido ontem? *Um anjo*, dizia a Escritura, *descia de tempo em tempo à piscina e* cada vez que o anjo descia *movimentava-se a água e quem descesse primeiro era curado de toda a doença que o tivesse acometido de qualquer modo*[40]. Isso representa a figura de Nosso Senhor Jesus Cristo que deverá vir.

[4]Por que um anjo? É que Ele próprio – o Cristo – vem a ser o *Anjo do grande conselho*[41]. De tempo em tempo: porque o Cristo se reservou para a última hora, a fim de reter o dia, quando ele descambasse, adiando o ocaso. Sempre, portanto, que o anjo descia, movimentava-se a água. Talvez objetes: Por que agora já não se movimenta? Escuta a razão: os sinais são para os que não creem, a fé, para os que creem[42].

[5]Aquele que descia por primeiro era curado de qualquer enfermidade. Que significa: Primeiro? No tempo ou pela dignidade? Os dois. Se descia primeiro quanto ao tempo, era curado antes, quer dizer, o povo judeu

---

40. Jo 5,4. Cf. *Myst.* 22-24. • TERTULIANO. *De Bapt.* 5. • DÍDIMO. *De Trin.* II, 14. • PG. 39. 712.
41. Is 9,5 (*Sept.*). Cf. 9,6 (*Vulg.*).
42. Cf. 1Cor 14,22.

era curado antes do que o povo pagão. Caso, porém, a prioridade se referisse à dignidade, isto é, se aquele que descesse tivesse maior temor de Deus, mais apreço pela justiça, maior graça de caridade, mais profundo amor à castidade, ele curar-se-ia primeiro. No entanto, naquele tempo, um só era salvo. Então, repito, era curado, como sinal típico, um só, a saber, aquele que descesse primeiro. Quanto é maior a graça da Igreja, na qual se salvam todos os que descem!

⁶Mas reparai no mistério: Nosso Senhor Jesus Cristo veio à piscina. Muitos eram os doentes que lá jaziam. Aliás, não é difícil imaginar juntarem-se muitos doentes lá onde um só é curado. Nessas condições, fala Ele ao paralítico: desce. Este, no entanto, responde: *não tenho pessoa alguma* para me ajudar[43]. Repara onde és batizado, donde vem o Batismo: Se não é da cruz de Cristo, da morte de Cristo. Aí é que se insere todo o mistério: Ele sofreu por ti! É nele que te resgatas e nele que és salvo.

⁷Não tenho pessoa alguma – disse Ele – ou seja: *pelo homem veio a morte, e pelo homem, a ressurreição*[44]. Não podia descer, não podia salvar-se quem não acreditasse que Nosso Senhor Jesus Cristo havia assumido carne da Virgem. Mas aquele que esperava um mediador

---

43. Jo 5,6-7.
44. 1Cor 15,21.

entre Deus e os homens, o Homem Jesus[45], aguardando aquele de quem se dissera: *e o Senhor enviará um homem para salvá-los*[46], afirmou: não tenho pessoa alguma. Foi por este motivo que mereceu a cura, pois creu naquele que viria. Teria sido, no entanto, melhor e mais perfeito se tivesse acreditado que já viera aquele que esperava vir.

3 [8]Repara agora em cada um dos elementos: afirmamos que houve figura antecipada do Jordão, quando Neman, o leproso, foi curado[47]. Aquela escrava dentre os cativos, quem é senão a que possuía os traços da Igreja e tornava presente a sua imagem? Efetivamente, cativo era o povo pagão. Era cativo. Não me refiro ao cativeiro imposto a um povo pelo inimigo, mas àquele cativeiro que é maior, quando o diabo, junto com os seus, impõe dominação cruel e submete a seu jugo a cerviz dos pecadores.

[9]Portanto, tens aí um tipo de batismo. Terás outro no dilúvio e uma terceira espécie na hora em que nossos pais foram batizados no Mar Vermelho. Encontrarás um quarto tipo na piscina, quando se agitou a água. Agora sou eu que te pergunto: Tens obrigação de crer

---

45. 1Tm 2,5.
46. Is 19,20.
47. Cf. *Sacr.* I, 13.

que estás em presença da Trindade, neste Batismo que o Cristo administra na Igreja?

4 [10]É assim que diz o Senhor Jesus em seu Evangelho aos apóstolos: Ide, batizai as nações em nome do Pai, do Filho e do Espírito Santo[48]. É esta a Palavra do Salvador.

[11]Dize-me, ó homem: Elias invocou fogo do céu e o fogo desceu[49]. Invocou Eliseu o nome do Senhor e o ferro do machado que estava submerso na água subiu à tona. Eis aí outro tipo de Batismo. Por quê? Porque todo homem, antes do Batismo, afunda, como se fora ferro. Na hora em que, porém, foi batizado, já não imita o ferro, mas se ergue como um tipo de lenho mais leve que a árvore frutífera. Aí se desdobra outra figura: Tratava-se de um machado com o qual se cortavam árvores. O cabo separou-se do machado, isto é, o ferro se afundou. O filho do profeta não soube o que fazer. Soube apenas pedir a Eliseu, o profeta, solicitando dele uma solução. Este, então, colocou a madeira n'água e o ferro emergiu[50]. Vês, em resumo, que é a cruz de Cristo que alivia a enfermidade de todos os homens.

---

48. Mt 28,9.
49. Cf. 1Rs 18,38. Cf. NISSA, G. *In bapt. Christi.* PG 46, 592b. • LUNDBERG. *Typologie baptismale*, p. 29.
50. Cf. 2Rs 6,5-6. • DÍDIMO. *De Trinitate* II, 14. • PG 39, 697b.

¹²Outro ponto: Perdão, por não seguirmos a ordem dos fatos. Quem aliás poderia abarcar todos os gestos de Cristo expostos pelos apóstolos?[51] Moisés chegou ao deserto e o povo teve sede. Havia chegado a Mara e queria beber. Logo, porém, que sorveu a água sentiu-lhe a amargura e já não pôde mais beber. Foi por isso que Moisés lançou madeira na fonte, e a água, antes amarga, começou a ser potável[52].

¹³Que significa isso, senão que qualquer criatura, sujeita à corrupção, é água amarga para todos? Mesmo que seja doce por algum tempo, mesmo que seja agradável para o momento, é amarga, por não poder afastar o pecado. Na hora em que tiveres bebido, terás sede. Na hora em que tiveres experimentado a doçura da bebida, sentir-lhe-ás novamente o amargor. É, pois, água amarga. Na hora em que, no entanto, a água receber a cruz de Cristo, sacramento celestial, começará a ser doce e suave e será potável, justamente porque se acaba com a culpa. Em conclusão: se já o poder dos batismos era tão grande na prefiguração, quanto maior não deve ser o poder do Batismo na realidade!

---

51. Cf. Jo 21,25.
52. Cf. Ex 15,22-25. • *Myst.* 14. • TERTULIANO. *De Bapt.* 9.

5 ¹⁴Continuemos a seguir as cerimônias: Vem o bispo. Diz a oração junto à fonte. Invoca o nome do Pai, a presença do Filho e do Espírito Santo[53]. Serve-se de palavras celestiais. Palavras celestiais, digo, porque são as de Cristo, que ordena batizemos *em nome do Pai, e do Filho e do Espírito Santo*[54]. Se, pois, por força da palavra humana e por força da invocação santa se fazia presente a Trindade, quanto mais deve ela estar presente quando entra em ação a Palavra eterna! Quereis saber por que desceu o Espírito? Ouviste dizer que desceu como se fora pomba. Por que como fora pomba? A fim de que os não crentes fossem chamados à fé. No início, foi necessário haver o sinal. Em seguida, viria a concretização.

¹⁵Mais outra coisa: Após a morte de Nosso Senhor Jesus Cristo, os apóstolos estavam reunidos num só lugar, e rezavam, no Dia de Pentecostes. De repente, produziu-se grande ruído, como se, com grande ímpeto, soprasse o vento. E apareceram como que línguas de fogo, que se separavam[55]. Que significa isso, senão a descida do Espírito Santo? Queria Ele manifestar-se aos não crentes até de forma física. Isto é, física, pelo sinal; espiritual, pelo sacramento. Prova assim manifestamente sua chegada, enquanto que a nós se nos oferece já o

---

53. Cf. *Sacr.* I, 18.
54. Mt 28,19.
55. Cf. At 2,1-3.

privilégio da fé. De fato, no início se davam sinais aos não crentes. A nós, porém, na plenitude da Igreja, importa compreender a verdade. Já não por um sinal, mas pela fé[56].

6 [16]Examinemos agora o que é que significa batismo: Chegaste à fonte. Desceste nela, viste o sumo sacerdote, os levitas e o presbítero junto à fonte[57]. O que é Batismo?

[17]No princípio, o Senhor Deus fez o homem imortal, sob a condição de não saborear o pecado. Acabou cometendo o pecado. Sujeitou-se à morte e foi expulso do paraíso[58]. Mas o Senhor, que queria permanecessem os seus benefícios, destruindo todas as manhas da serpente e acabando com tudo o que prejudicara, logo de início propôs esta sentença acerca do homem: *És terra e voltarás à terra*[59], tornando o homem sujeito à morte. Era sentença divina e não podia ser cassada pela humanidade. Encontrou-se, porém, um remédio: que o homem morresse e ressuscitasse. Por quê? A fim de que o que antes serviria para a condenação servisse agora para benefício. O que serviria para benefício, senão a própria

---

56. Cf. 1Cor 14,22.
57. Cf. *Sacr.* 1, 10.
58. Cf. Gn 3,17-23.
59. Gn 3,19.

morte? Mas como?, dirás tu. Sim, porque a morte, por sua intervenção, acaba com o pecado. De fato, quando morremos, desistimos de pecar[60]. Parece, pois, ter-se dado satisfação à sentença, porque o homem, feito para viver caso não pecasse, passava a ser mortal. Afinal, para que o favor divino durasse sem interrupção, o homem morreu, mas Cristo proporcionou-lhe a ressurreição, isto é, quis restabelecer um benefício celeste que se havia perdido pelas manhas da serpente. As duas coisas, pois, revertem em nosso favor: a morte acaba com os pecados e a ressurreição restaura a nossa natureza.

[18]No entanto, para que a fraude e os laços do diabo não prevalecessem neste mundo, entrou na história o Batismo. Escuta o que diz a Escritura a respeito deste Batismo, ou melhor, o que dele diz o Filho de Deus: Os fariseus, que não quiseram ser batizados pelo Batismo de João, *menosprezaram o desígnio de Deus*[61]. O Batismo é, portanto, o desígnio de Deus. E qual não é a graça presente no desígnio de Deus!

[19]Escuta, pois: para se desfazer, neste mundo, a ligação com o diabo, encontrou-se o meio de o homem morrer enquanto vivo e de ressuscitar enquanto vivo. Que quer dizer enquanto vivo? Significa que a vida de

---

60. Cf. Rm 6,7.
61. Cf. Lc 7,30.

seu corpo continua viva, enquanto Ele se aproxima da fonte e nela mergulha. Donde vem esta água, senão da terra? Cumpre-se desta sorte a sentença divina, sem submeter-se o homem à paralisia da morte. Pelo fato de mergulhares na água, elimina-se a sentença que reza: *És terra e retornarás à terra*. Executou-se a sentença e deu-se lugar ao benefício e ao remédio celestial. Portanto, a água vem da terra. Nossa possibilidade de viver, porém, não admitia que fôssemos cobertos de terra e que dela ressuscitássemos. Portanto, não é a terra que lava, mas é a água que lava. Concluindo, a fonte é como que uma sepultura.

7 [20]Perguntaram-te: *Crês em Deus Pai todo-poderoso?* Respondeste: *Creio*, e foste mergulhado, quer dizer, foste sepultado[62]. Novamente perguntaram-te: *Crês em Nosso Senhor Jesus Cristo e em sua cruz?*[63] Respondeste: *Creio*, e foste mergulhado. Por isso estás sepultado com Cristo[64]. Pois quem está sepultado com Cristo, com Ele ressurge. Perguntaram-te pela terceira vez: *Crês também no Espírito Santo?* Respondeste: *Creio*, e foste

---

62. A forma interrogativa e a tríplice imersão são atestadas por Tertuliano. Cf. DEKKERS, E. *Tertullianus in de Geschiedenis der Liturgie*. Bruxelas, 1947, p. 189-191. • HIPÓLITO. *Tradição apostólica*. Petrópolis: Vozes, 1972, n. 48-50. • CIRILO. *Cat. myst.* 2, 4. • PG 33, p. 1.080.
63. Não há menção da cruz senão aqui e em *Myst.* 28.
64. Cf. Rm 6,4.

mergulhado, a terceira vez, para que a tríplice confissão destruísse as quedas repetidas do passado.

²¹Vamos terminar, apresentando um exemplo: O Apóstolo São Pedro pareceu sucumbir na hora da Paixão do Senhor, por causa da fraqueza da condição humana. Renegara a Cristo. Com o intuito de abolir e reparar a sua falta, é interrogado três vezes pelo Cristo, para ver se o amava. Retrucou: *Tu sabes, Senhor, que eu te amo*[65]. Chegou a uma terceira confissão, para que fosse absolvido pela terceira vez.

²²É o Pai que perdoa o pecado, é o Filho que perdoa, é também o Espírito Santo. Não te admires no entanto que nós sejamos batizados num só nome, isto é, *em nome do Pai, do Filho e do Espírito Santo*[66]. Não te admires, digo, por ter ele dito *num só nome*. É que existe aí uma só substância, uma só divindade e uma só majestade. É este o nome do qual foi dito: *É nele que todos devem ser salvos*[67]. É neste nome que todos fostes salvos, que fostes restituídos à graça da vida.

²³Exclama, por isso, o apóstolo, como acabais de ouvir na leitura: *Quem quer que seja batizado é batizado na morte de Jesus*[68]. O que significa na morte? Da

---

65. Jo 21,17.
66. Mt 28,19.
67. At 4,12.
68. Rm 6,3.

mesma forma que o Cristo morreu, assim também tu deverias saborear a morte; da mesma forma que o Cristo morreu para o pecado e vive para Deus, também tu deverias ter morrido para as antigas atrações dos pecados, pelo Sacramento do Batismo, ressurgindo pela graça do Cristo. Trata-se de fato da morte, mas não da realidade da morte corporal, e sim da simbólica. Quando, pois, imerges, assumes uma semelhança com sua morte e sua sepultura, recebendo o sacramento daquela cruz, na qual o Cristo pendeu e na qual o corpo dele foi fixado pelos pregos. És, portanto, crucificado. Prendes-te ao Cristo. Prendes-te aos pregos de Nosso Senhor Jesus Cristo, para que o diabo daí não te possa arrancar. Que te sustentem os cravos do Cristo, dos quais a fraqueza da condição humana tenta desprender-te.

[24]Portanto, imergiste. Tu te aproximaste do bispo. Que te disse ele? *Deus* – afirmou ele –, *Pai Onipotente, que te regenerou da água e do espírito e te perdoou os pecados, Ele próprio te unge*[69] *para a vida eterna*. Vê como foste ungido. Disse Ele, para a vida eterna. Não queiras preferir esta vida àquela. Se, por exemplo, aparecer algum

---

69. A unção pós-batismal faz parte do Batismo e não da Confirmação, que se realizará após o lava-pés. Cf. *Sacr.* III, 8. Esta unção já aparece em Tertuliano (*De Baptismo*, 7 (*egressi de lavacro perungimur benedicta unctione*)) e em Hipólito (*Tradição apostólica*. Petrópolis: Vozes, 1972, n. 30) com esta fórmula *"ungeo te oleo sancto in nomine Iesu Christi"*.

inimigo, se pretender tirar-te a fé, se te ameaçar de morte para afastar do bom caminho, vê o que escolhes. Não queiras escolher aquilo em que não foste ungido, mas escolhe aquilo no que foste ungido, de forma a preferires a vida eterna à vida temporal.

Livro III

1 ¹Ontem, tratamos da fonte batismal, que na aparência tem forma de sepultura. Nela, nós, os que cremos no Pai, no Filho e no Espírito Santo, somos recebidos e mergulhados e em seguida dela saímos, quer dizer, ressuscitamos. Tu recebes também o crisma, isto é, o unguento por sobre a cabeça. Por que por sobre a cabeça? Porque *o sentido do homem sábio reside em sua cabeça*, como diz Salomão[70]. Pois a sabedoria sem a graça é inativa. Mas na hora em que a sabedoria recebe a graça, a obra dela se torna perfeita. É o que se chama regeneração.

²Que significa regeneração? Encontras a explicação nos Atos dos Apóstolos, pois aquele versículo que recitamos no Sl 2: *És o meu filho, hoje te gerei* parece referir-se à ressurreição. De fato, o Apóstolo São Pedro,

---

70. Ecl 2,14. Estas palavras se encontram também em *Myst.* 30, mas sem indicação das Escrituras. Trata-se de uma adaptação familiar a Ambrósio, pois o texto não fala de "sentido", mas de "olhos".

nos Atos dos Apóstolos, assim o interpretou: Quando o Filho ressuscitou da morte, a voz do Pai fez-se ouvir: *És meu filho, hoje te gerei*[71]. Por isso é também chamado *Primogênito dentre os mortos*[72]. Que é, pois, a ressurreição, senão o momento em que passamos da morte para a vida? É o que, também acontece no Batismo; por ser ele imagem da morte, ao imergires e ressuscitares, realiza-se, sem sombra de dúvida, o que aparece na ressurreição. Por isso, seguindo a interpretação do Apóstolo: se aquela ressurreição foi uma regeneração, também esta ressurreição da fonte é uma regeneração.

³Mas que dizes do fato de mergulhares na água? É assim que te distrais? É assim que te tolhem as dúvidas? O que lemos é isto: *Que a terra produza em seu seio fruto. E a terra produziu fruto que germina*[73]. Coisa semelhante também leste a respeito das águas: *Que as águas produzam animais, e os animais nasceram*[74]. Esses animais surgiram no princípio da criação, enquanto a ti está reservado que a água te regenere para a graça, assim como a eles gerou para a vida. Imita aquele peixe que recebeu graça bem menor e que, no entanto, para ti mesmo constitui milagre: está ele no mar e movimenta-se

---

71. At 13,33. Não é São Pedro que o diz, mas São Paulo.
72. Cl 1,18.
73. Gn 1,11.
74. Gn 1,20.

sob as vagas; está ele no mar e nada por sobre as ondas. No mar agita-se a tempestade, ribombam as procelas, e assim mesmo o peixe nada sem afundar, porque tem o hábito de nadar. Tira a conclusão: o mundo é para ti este mar. Apresenta correntes diversas, ondas pesadas, tempestades terríveis. Assemelha-te ao peixe, para que não te afunde a onda do século[75]. É maravilhosa a expressão do Pai em relação ao Filho: *Hoje eu te gerei*[76], quer dizer: quando resgataste o povo; quando o vocacionaste para o Reino do Céu; quando cumpriste o meu desígnio, deste prova de seres meu Filho.

⁴Saíste da fonte. Que se deu então? Ouviste uma leitura[77]. O bispo revestido de seus paramentos – embora também os presbíteros tenham participado do ministério, é este realizado pelo sumo sacerdote – revestido de seus paramentos, digo, o sumo sacerdote te lavou os pés[78]. Qual o significado deste mistério? Na leitura ouviste que o Senhor, quando lavou os pés dos demais discípulos, se achegou a Pedro. Este o apostrofou: *Tu me*

---

75. Sobre o simbolismo do peixe representando o cristão, cf. DOEIGER, J.F. *Das Fischsymbol,* Münster, 1928, p. 3-7.
76. Sl 2,7.
77. Is 11,2-3.
78. A existência deste rito no Oriente parece problemática, mas cf. DANIÉLOU, J. *Platonisme et thèologie mystique.* Paris, 1944, p. 31. *Myst.* 31-33 indica a leitura do Evangelho, embora não fale propriamente do rito.

lavares os pés?[79] Quer dizer, Tu, que és o Senhor, lavares os pés do servo? Tu, que és sem mancha, me lavares os pés? Tu, que és o Criador dos céus, me lavares os pés? Por outra passagem ainda chegarias à conclusão seguinte: Aproximou-se de João e este lhe disse: *Sou eu o que devo ser batizado por ti, e Tu vens a mim*[80]. Eu sou pecador e Tu vieste ao pecador, como que para depores teus pecados, Tu que não cometeste pecado. Vê *toda justiça*. Vê a humildade. Vê a graça. Vê a santificação: *Se te não lavar os pés*, disse Jesus, *não terás parte em mim*[81].

⁵Não ignoramos que a Igreja Romana, de quem em tudo seguimos o exemplo e a forma, não cultiva tal costume. De fato, não cultiva ela o costume de lavar os pés. Talvez cheguemos à conclusão de que se afastou disso por causa do grande número de pessoas. Há os que falam e tentam desculpá-la, dizendo que tal cerimônia não se deveria fazer durante o mistério, durante o Batismo, por ocasião da regeneração, mas que deveriam lavar-se os pés ao hóspede. Uma coisa, dizem, é a humildade, outra, a santificação. Mas, afinal, o lava-pés vem a ser mistério e santificação. *Se te não lavar os pés, não terás parte em mim*[82]. Não digo isso para criticar os outros,

---

79. Jo 13,6.
80. Mt 3,14.
81. Jo 13,8.
82. Jo 13,8.

mas para justificar as minhas cerimônias. Desejo seguir a Igreja Romana em tudo, mas também nós possuímos sensibilidade humana. Por isso, o que em outras partes se conserva com a melhor das intenções nós o guardamos igualmente com a melhor das intenções.

⁶Seguimos ao próprio Apóstolo Pedro. É a seu fervor que aderimos. Que responde a tanto a Igreja Romana? De fato, sugere-nos o próprio Apóstolo Pedro tal posição – ele que foi bispo da Igreja Romana – quando diz: *Senhor, não somente os pés, mas também as mãos e a cabeça*[83]. Repara na fé. A recusa fora sinal de humildade, e a proposta ulterior, prova de fervor e fé.

⁷Respondeu-lhe o Senhor, porque falara das mãos e da cabeça: *Aquele que tomou banho não precisa lavar-se de novo, basta que lave apenas os pés*[84]. Por que isto? Porque no Batismo se apaga toda culpa. Desaparece, pois, a falta. Acontece, porém, que Adão foi suplantado pelo diabo e o veneno lhe foi derramado por sobre os pés. Por isso tu lavas os pés, para que, naquela parte em que a serpente atraiçoou, apareça maior auxílio de salvação. Assim ela não poderá suplantar-te para o futuro[85]. Lavas,

---

83. Jo 13,9.
84. Jo 13,10.
85. Essa explicação, embora autenticamente ambrosiana, difere da que será dada em *Myst.* 32. Como se sabe, Ambrósio atribui eficácia sacramental ao lava-pés; eficácia, aliás, distinta daquela do Batismo.

portanto, os pés, para lavares o veneno da serpente. O ato, aliás, contribui para a humildade. Desta sorte, não nos envergonharemos de realizar durante o mistério o que não deixamos de prestar como homenagem.

2 ⁸Segue-se então o selo espiritual, de que ouvistes falar hoje durante a leitura. É que falta ainda o aperfeiçoamento, após a descida à fonte. Dá-se ele na hora em que se infunde o Espírito Santo, quando o bispo invoca o espírito da sabedoria e inteligência, o espírito do conselho e da força, o espírito do conhecimento e da piedade, o espírito do santo temor[86] que são como que as sete virtudes do Espírito[87].

⁹De fato todas as virtudes se relacionam com o Espírito, mas as acima enumeradas são como que cardeais, como que as mais importantes. Que haveria mesmo de mais importante do que a piedade? Que de mais importante do que o conhecimento de Deus? Que de mais importante que a força? Que de mais importante que o conselho de Deus? Que de mais importante que o

---

86. Is 11,2-3. Cf. *Myst.* 42.
87. O termo "selo" designa o Batismo em Tertuliano (*De Pudic. 9.* • *De Spect.* 4, 24), mas em São Cipriano designa o dom do Espírito. Cf. *Epist. 73, 9*: "Pela nossa oração e pela imposição da mão, recebam o Espírito Santo e sejam consumados pelo selo do Senhor". Cf. tb. DOELGER, F.J. *Sphragis.* Paderborn, 1911, p. 173, 189.

temor de Deus? Da mesma forma que o temor do mundo é fraqueza, o temor de Deus é grande força.

¹⁰Estas são as sete virtudes recebidas na consignação⁸⁸. Pois, como diz o santo Apóstolo, a sabedoria de Nosso Senhor, por ser multiforme – *a multiforme sabedoria de Deus* –, faz com que o Espírito Santo seja multiforme, por conferir virtudes diversas e variadas⁸⁹. Segue-se daí que o Deus das virtudes assim seja chamado, por se aplicar tanto ao Pai, como ao Filho e ao Espírito Santo. Mas isto é assunto para outra discussão, para outra ocasião.

¹¹O que segue depois? Podes aproximar-te do altar. Quando chegaste a ele, consegues ver o que antes não vias. É o mistério que leste no Evangelho, se é que leste – em todo o caso o ouviste: apresentou-se um cego ao salvador para ser curado. Aquele que a outros curava apenas pela palavra e pelo discurso e restituía a luz dos olhos por uma simples ordem, no livro do Evangelho intitulado segundo João – que mais do que os outros

---

88. Não há alusão aqui, nem em *Myst.* 41, a uma unção que acompanhasse o dom do Espírito. Mas o que significaria então consignação? O rito é especificamente romano. Cf. HIPÓLITO. *Tradição apostólica*. Petrópolis: Vozes, 1972, n. 52. Cf. tb. GALTLER. "La consignation dans les Eglises d'Occident" (*Révue d'Histoire Ecclésiastique*, 13, 1912, p. 263-265), onde nossa passagem é apresentada como infiltração da terminologia romana. O autor admite, se muito, simples consignação, mas não unção.
89. Ef 3,10.

viu os grandes mistérios e os apresentou e explicou – declarou também que neste homem o Senhor quis prefigurar nosso mistério. Realmente, todos os evangelistas são santos; são santos todos os apóstolos, exceção feita ao traidor. No entanto, São João, que foi o último a escrever o Evangelho, como parente e como escolhido pelo próprio Cristo, fez ouvir os eternos mistérios como que por uma trombeta mais poderosa. Tudo o que ele falou é mistério. Outros contaram que o cego foi curado. Contou Mateus, contou Lucas, contou Marcos. Apenas João, aliás, o que diz ele? *Tomou Jesus uma massa e a estendeu sobre os olhos dele, dizendo-lhe: Vai a Siloá! E, levantando-se, foi, e se lavou e voltou enxergando*[90].

[12]Considera também tu os olhos de teu coração. Vias as coisas corporais com os olhos corporais. Mas as coisas dos sacramentos não podias ainda vê-las com os olhos do coração. Por isso, quando fizeste tua inscrição[91], o Cristo tomou da massa e a passou sobre teus olhos. Qual é o significado? Que tinhas de reconhecer o teu pecado, examinar a consciência, fazer penitência de tuas faltas, em suma, reconhecer a sorte da raça humana. Pois, embora não confesse o pecado aquele que vem ao

---

90. Jo 9,6-7. O episódio aparece na liturgia milanesa do 4º Domingo da Quaresma. Cf. *Missale Ambrosianum Duplex*, p. 171-172.
91. Provavelmente, no início da Quaresma, conforme se depreende da *Peregrinação de Etéria*, 45 (Petrópolis: Vozes, 1971, p. 111), pois quem dá o nome o dá antes do dia da Quaresma.

Batismo, assim mesmo, pelo próprio fato de pedir o Batismo para ser justificado, quer dizer, de passar da culpa para a graça, faz uma confissão de todos os pecados.

¹³Não queirais pensar que seja ato inútil. Existem alguns – estou bem-informado de que houve ao menos um que disse, ao ser por nós advertido: Nessa altura de tua vida, tens maior obrigação de batizar-te! "Por que me fazer batizar? Não tenho pecado. Por acaso cometi algum pecado?" Esse homem não tinha a massa que o Cristo lhe passara nos olhos, quer dizer, Cristo não lhe abrira os olhos[92]. Pois não existe homem sem pecado.

¹⁴O que procura refúgio no Batismo de Cristo se reconhece, portanto, como homem. Foi bem por isso que te passou Ele a massa, isto é, um temor respeitoso, a prudência, a consciência de tua fragilidade, e te deu ordem: *Vai a Siloá.* Que é esta Siloá? *Traduz-se, conforme a Escritura, pela palavra Enviado,* quer dizer: Vai àquela fonte em que se anuncia a cruz de Cristo Senhor, vai àquela fonte em que o Cristo redime os pecados de todos.

¹⁵Tu foste. Tu te lavaste. Chegaste ao altar. Começaste a ver o que antes não havias visto, quer dizer: pela fonte do Salvador e pela pregação da Paixão do Senhor, se te abriram os olhos. Tu, que anteriormente parecias

---

92. Trata-se certamente de um catecúmeno ou de um pagão mal-esclarecido.

cego de coração, te puseste a ver a luz dos sacramentos. Assim, irmãos caríssimos, chegamos até o altar. Chegamos até a uma exposição mais rica. Como o tempo vai adiantado, não podemos iniciar a explicação completa, uma vez que o tratado é mais longo. Contentemo-nos com o que foi dito hoje. Amanhã, se Deus quiser, passaremos a tratar dos próprios sacramentos.

Livro IV

1 [1]No Antigo Testamento, os sacerdotes costumavam entrar, frequentemente, na primeira tenda; na segunda entrava, uma vez ao ano, o sumo sacerdote. É, sem dúvida, isso que o Apóstolo Paulo explana aos hebreus, no momento em que recorda a continuidade do Antigo Testamento. Na segunda tenda, conservava-se o maná. Lá também estava depositado o bastão de Aarão que secara, e em seguida reflorescera, lá se encontrava também o altar dos perfumes[93].

[2]Por que referir tal coisa? Para entenderdes que é na segunda tenda que vos introduziu o bispo – naquela em que o sumo sacerdote costumava entrar uma vez ao

---

93. Cf. Hb 9,2-7.

ano[94]; isto é, no batistério, onde floresceu o bastão de Aarão. Antes, estava ele seco, depois floresceu[95]. Também tu eras seco e começaste a reflorescer na corrente da fonte. Havias secado pelos pecados. Havias secado pelos erros e pelas faltas, mas agora já começaste a produzir fruto, *plantado que foste junto à corrente das águas*[96].

³Talvez, no entanto, digas que importância tem para o povo o fato de o bastão do sacerdote secar e reflorescer? O povo mesmo não é ele um povo sacerdotal? A ele foi dito: *Vós, porém, sois uma raça escolhida, sacerdócio régio, povo santo*[97]. Qual é o sentido da afirmação do Apóstolo Pedro? Cada qual é ungido para o sacerdócio, é ungido para a realeza. Trata-se, é evidente, de uma realeza espiritual e de um sacerdócio espiritual.

⁴Na segunda tenda, encontra-se também o altar dos perfumes. É o altar dos perfumes que costuma difundir o bom odor. Assim também vós já agora sois o bom odor de Cristo. Já não mais existe em vós mancha alguma de faltas, odor algum de pecado mais grave.

---

94. O Batismo, portanto, era conferido uma só vez ao ano, em Milão por ocasião da Festa da Páscoa.
95. Cf. Nm 17,8.
96. Sl 1,3.
97. 1Pd 2,9. O mesmo texto é citado em *Myst* 30, a propósito da unção pós-batismal. Sobre o significado deste texto na tradição, cf. BOTTE, B.; CHARLIER, A.; ROBEYNS, A. & CAPELLE, B. *Le sacerdoce des fidèles*. Lovaina, 1934 [Separata de *Cours et Conférences des Semaines Liturgiques*, t. X].

2 ⁵Depois disto, vos aproximáveis do altar. Começastes a avançar. Os anjos vos olhavam. Viam que vos aproximáveis e que aquela condição humana, antes conspurcada pela negra mancha dos pecados, começava de repente a refulgir a seus olhos. Foi por isso que disseram: *Quem é aquela que sobe, toda branca, do deserto?*[98] Portanto, também os anjos se enchiam de admiração. Queres saber até que ponto se admiravam eles? Ouve o Apóstolo Pedro, que afirma terem-nos sido conferidas as coisas que *até os anjos desejam ver*[99]. Ouve ainda: *O que olho algum viu e ouvido algum ouviu foi o que Deus preparou àqueles que o amam*[100].

⁶Compenetra-te, a partir disso, do que acabas de receber. O santo Profeta Davi viu esta graça em figura e a desejou. Queres saber quanto a desejou? Escuta-o novamente, quando diz: *Tu me aspergirás com o hissopo e serei purificado; tu me lavarás e serei mais branco que a neve*[101]. Por quê? Porque a neve, embora branca, se deslustra e se desfaz logo por qualquer mancha. Esta graça que recebeste, caso conserves o que recebeste, durará sem nunca terminar.

---

98. Ct 8,5.
99. Cf. 1Pd 1,12.
100. 1Cor 2,9.
101. Sl 50,9.

⁷Vinhas, pois, cheio de desejo – não era para menos, porque havias visto tamanha graça – vinhas cheio de desejo para o altar, pelo qual irias receber o sacramento. Diz tua alma: *E me aproximarei do altar de meu Deus, do Deus que alegra minha juventude*[102]. Depuseste a velhice dos pecados; e te revestiste da juventude da graça. Foi o que te deram os sacramentos celestiais. Escuta, afinal, mais uma vez, a Davi, que diz: *Tua juventude se renovará como a da águia*[103]. Começaste a ser uma boa águia que se lança em direção ao céu. Aborreces o que é terrestre. As boas águias cercam o altar: *Pois lá onde está o corpo, também estão as águias*[104]. O corpo representa o altar, e o corpo de Cristo está sobre o altar. Vós sois as águias que se renovaram ao se apagar a culpa.

3 ⁸Tu te aproximaste do altar. Voltaste tua atenção para os sacramentos depositados sobre o altar e te encheste de admiração diante desta mesma criatura: trata-se, no entanto, de uma criatura assídua e conhecida.

⁹Talvez diga alguém: Deus proporcionou tamanha graça aos judeus, que lhes fez chover o maná do céu[105].

---

102. Sl 42,4. Cf. *Myst.* 43.
103. Sl 102,5.
104. Mt 24,28.
105. Cf. Ex 16,13-15.

Que mais deu Ele a seus fiéis? Que mais proporcionou Ele a quem prometera mais?

¹⁰Aceita o que vou dizer-te: os mistérios cristãos são mais antigos do que os dos judeus e os sacramentos dos cristãos são mais divinos do que os dos judeus[106]. Como? Escuta. Quando é que os judeus começaram a existir? Evidentemente, desde Judá, um dos descendentes de Abraão, ou, se o quiseres entender assim, desde a Lei, quer dizer, desde o momento em que mereceram receber o direito de Deus[107]. Portanto, a partir de um dos descendentes de Abraão é que foram chamados judeus no tempo de São Moisés. Deus fez então chover dos céus o maná, em favor dos judeus que murmuravam. Em teu favor, no entanto, a figura destes sacramentos veio antes, a saber, no tempo do próprio Abraão, na hora em que ele reuniu 318 servidores e se foi, perseguindo os adversários e arrancando o sobrinho do cativeiro. Voltou, então, vitorioso. Correu-lhe ao encontro o sacerdote Melquisedeque e ofereceu pão e vinho[108]. Quem tinha pão e vinho? Abraão não os tinha. Mas quem os tinha então? Melquisedeque foi ele, portanto, o autor dos sacramen-

---

106. Cf. *Myst.* 44-48. A mesma demonstração já fora feita a respeito do Batismo em *Sacr.* I, 11.23.
107. Santo Ambrósio faz um jogo de palavras: *iudaei – ius-dei*, que talvez nos pareça um pouco abusivo. Mas os antigos apreciavam tais formas.
108. Cf. Gn 14,14-18.

tos. Quem é Melquisedeque, cujo nome significa *rei de justiça, rei da paz?*[109] Quem é este rei de justiça? Por acaso pode algum homem ser rei de justiça? Quem é, pois, rei de justiça, senão a justiça de Deus? Quem é a paz de Deus, a sabedoria de Deus?[110] Aquele que pode dizer: *Eu vos dou a minha paz, eu vos deixo a minha paz*[111].

[11]Compreende, portanto, em primeiro lugar, que estes sacramentos que recebes são anteriores a quaisquer sacramentos que os judeus pretendem ter. Compreende que o povo cristão começou a existir antes que começasse a existir o povo dos judeus. Mas nós, pela predestinação. Ele, o povo dos judeus, pelo nome.

[12]Melquisedeque ofereceu, pois, pão e vinho. Quem é Melquisedeque? *Sem pai, dizem, sem mãe, sem genealogia, sem começo de dias nem fim de vida, semelhante ao Filho de Deus.* É o que contém a Epístola aos Hebreus[112]. Sem pai e sem mãe, dizem. Sem mãe nasceu o Filho de Deus pela geração celeste, porque nasceu só de Deus Pai. E, por outro lado, nasceu sem pai, quando nasceu da Virgem. Pois não foi gerado por semente de homem, mas nasceu do Espírito Santo e da Virgem Maria, procedente

---

109. Hb 7,2.
110. 1Cor 1,30.
111. Jo 14,27. Cf. BARDY, G. "Melchisédech dans la tradition patristique". *Rev. Bibl.*, 1926, p. 496-509; 1927, p. 25-45.
112. Hb 7,3.

do seio virginal. Semelhante em tudo ao Filho de Deus, Melquisedeque era também sacerdote, porque o Cristo, por sua vez, é sacerdote de quem se diz: *Tu és sacerdote para sempre, segundo a ordem de Melquisedeque*[113].

4 [13]Concluindo, pois, quem é o autor dos sacramentos, senão o Senhor Jesus? Foi do céu que vieram estes sacramentos, pois o desígnio todo vem do céu[114]. É, no entanto, um grande e divino milagre ter Deus feito chover do céu o maná em favor do povo e ter o povo comido sem trabalhar.

[14]Talvez digas: é meu pão de cada dia. Mas este pão é pão antes das palavras sacramentais; desde que sobrevenha a consagração, a partir do pão se faz a carne de Cristo. Passemos então a provar esta verdade. Como pode aquilo que é pão ser corpo de Cristo? Com que termos então se faz a consagração e com as palavras de quem? Do Senhor Jesus[115]. Efetivamente, tudo o que foi dito antes é dito pelo sacerdote: louva-se Deus, dirige-se

---

113. Sl 109,4. • Hb 7,17.
114. Já foi demonstrado em II,18 por Lc 7,30, que o Batismo é *desígnio de Deus*.
115. Cf. *Myst*. 52. Ambrósio atribui a consagração às palavras da instituição e não a uma epiclese. Os textos da oração eucarística, citados a seguir, excluem, aliás, a presença de uma epiclese.

a Ele a oração, pede-se pelo povo, pelos reis e pelos outros. Quando se chega a produzir o venerável sacramento, o sacerdote já não usa suas próprias palavras, mas serve-se das palavras de Cristo. É, pois, a palavra de Cristo que produz este sacramento[116].

[15]Qual é esta palavra de Cristo? Pois bem. É aquela pela qual todas as coisas foram feitas. O Senhor deu ordem e se fez o céu. O Senhor deu ordem e se fez a terra. O Senhor deu ordem e se fizeram os mares. O Senhor deu ordem e todas as criaturas foram geradas. Percebes, portanto, quanto é eficaz a palavra do Cristo. Se, pois, existe tamanha força na Palavra do Senhor Jesus, a ponto de começarem as coisas que antes não existiam, quanto mais eficaz não deve ser para que continuem a existir as que eram, e sejam mudadas em outra coisa? O céu não existia, não existia o mar, não existia a terra, mas ouve a Davi que diz: *Disse Ele e foram feitas, deu ordem e foram criadas*[117].

[16]Assim, pois, para dar-te uma resposta, antes da consagração não era o corpo de Cristo, mas após a consagração, posso afirmar-te que já é o corpo de Cristo. Ele falou, e foi feito, Ele deu ordem, e foi criado. Tu mesmo existias, mas eras uma antiga criatura; depois de

---

116. *Conficere*. Cf. ROTTE, R. "Conficere Corpus Christi". *Année Thèologique*, 8, 1947, p. 309-315.
117. Sl 32,9; 148,5.

seres consagrado, começaste a ser nova criatura. Queres saber quanto é nova a criatura? Todo aquele que *está no Cristo*, diz-se, *é nova criatura*[118].

[17]Escuta, pois, como a palavra do Cristo costuma mudar todas as criaturas e muda, quando quer, as leis da natureza. Tu perguntas: Como? Escuta e, em primeiríssimo lugar, tomemos o exemplo que nos vem da geração[119]: normalmente não é gerado um homem, a não ser por um homem e uma mulher, em consequência das relações conjugais. Mas, porque o Senhor o quis, porque escolheu este mistério, nasceu do Espírito Santo e da Virgem, Cristo, isto é, o *Mediador entre Deus e os homens, o Homem Jesus Cristo*[120]. Vês, pois, que, contrariamente às leis e à ordem da natureza, um homem é nascido de uma Virgem[121].

[18]Escuta um outro exemplo. O povo de Israel era pressionado pelos egípcios; estava cercado pelo mar. Por ordem de Deus, Moisés tocou as águas com um bastão e a corrente se dividiu[122], claro, não segundo seu hábito natural, mas segundo a graça de uma ordem celeste. Escuta outro exemplo: O povo tinha sede; chegou

---

118. 2Cor 5,17.
119. Cf. *Myst.* 53.
120. 1Tm 2,5.
121. O texto primitivo não estava muito claro e teve que ser corrigido.
122. Cf. Ex 14,21.

a uma fonte. A fonte era amarga. São Moisés colocou um lenho na fonte, e esta, que era amarga, tornou-se doce, quer dizer, mudou o hábito natural e recebeu a doçura da graça[123]. Escuta ainda um quarto exemplo: O ferro de uma machadinha caíra n'água, afundou como ferro, segundo a sua natureza. Eliseu lançou um lenho n'água, imediatamente o ferro subiu e boiou por sobre as águas[124], evidentemente contra o hábito do ferro, pois é matéria mais pesada do que o elemento das águas.

[19]Não percebes, desses exemplos todos, quanto realiza a Palavra celeste? Se ela atuou numa fonte terrestre, se a palavra do céu atuou em outras coisas, não atuaria ela nos sacramentos celestes? Assim aprendeste que do pão se faz o Corpo de Cristo e que é vinho – e água – que se coloca no cálice, mas pela consagração celeste se torna sangue.

[20]Talvez digas ainda: não vejo a aparência do sangue. Mas é dele o símbolo[125]. Da mesma forma como

---

123. Cf. Ex 15,23-25. • *Myst.* 51.
124. Cf. 2Rs 6,5-6. Esses três milagres já foram citados: I, 12.20; II. 11-12 como símbolos do Batismo. Aqui aparecem como provas do poder da Palavra do Senhor. *Myst.* 51 acrescenta o bastão mudado em serpente (Ex 4,3-4), o rio mudado em sangue (Ex 7,19-21), o Jordão que volta à fonte (Js 3,16) e o rochedo de Horeb (Ex 17,6).
125. Para o sentido de *similitudo*, como também de *figura* (21) e *antitypus* em Hipólito, cf. *Tradição apostólica*. Petrópolis: Vozes, 1972, n. 54, 56, 84. Cf. tb. WILMART, A. "Transfigurare". *Bulletin d'Ancienne Littérature et d'Archéologie Chrétienne*, I, 1911, p. 280.

aceitaste o símbolo da morte[126], assim também bebes o símbolo do precioso sangue, a fim de que não haja nenhuma repugnância pelo sangue que corre e que, no entanto, se produza o preço da redenção. Aprendeste, pois, que aquilo que recebes é o Corpo de Cristo.

5 [21]Desejas saber como por palavras celestes se consagra? Eis as palavras: *Concede-nos,* diz o sacerdote, *que esta oferenda seja aprovada, espiritual*[127], *agradável, porque é a figura*[128] *do corpo e do sangue de Nosso Senhor Jesus Cristo, que na véspera de sua Paixão tomou o pão em suas santas mãos, levantou os olhos ao céu, para ti, Pai*

---

126. O pão consagrado é símbolo da morte de Cristo. O vinho consagrado é símbolo da aliança estabelecida no sangue de Cristo. Duas etapas integrantes do mesmo ato salvífico: a libertação pela morte, e a aliança pelo sangue. Símbolo, originalmente, era uma téssera, um cartão composto de duas partes, que era válido quando as duas partes de novo se reuniam, porque só então aparecia no símbolo a imagem com cujo sinal alguém, por exemplo, era admitido a um banquete. O valor do símbolo não está no que se encontra em si mesmo, mas no que acontece pela sua composição renovada. Símbolo, na Eucaristia, é a composição do elemento material exterior e do elemento interior que por aquele se torna presente. As coisas visíveis recebendo em si a graça salvífica do sacrifício de Cristo tornam-se "símbolos" do corpo e do sangue.
127. *Rationabilis* corresponde a λογιχός. Cf. Rm 12,1. Cf. tb. KITTEL, G. *Theologisches Wörterbuch Zum Neuen Testament.* T. 4. Stuttgart, 1942, p. 145-147.
128. Cf. TERTULIANO. *Adv. Marc.* IV, 10 (*Ed. Kroymann,* p. 559): *"Hoc est corpus meum dicendo, id est figura corporis mei".*

Santo, Deus Onipotente e Eterno, abençoou dando graças, o partiu e depois de partir deu aos apóstolos e a seus discípulos, dizendo: Recebei e comei todos dele, pois isto é o meu corpo, que será rompido em favor de muitos.

²²Continua atento: *Da mesma forma, também tomou o cálice, depois da ceia, às vésperas de sua Paixão, levantou os olhos ao céu, para ti, Pai Santo, Deus Onipotente e Eterno, abençoou dando graças, e entregou-o aos apóstolos e a seus discípulos, dizendo: Recebei e bebei dele todos, pois isto é o meu sangue*[129]. Vê, todas estas palavras são do evangelista, até *recebei* o corpo ou o sangue; a partir daí são palavras de Cristo: *Recebei e bebei dele todos, pois isto é o meu sangue.*

²³Repara ainda em cada pormenor. Nas vésperas da Paixão, diz-se aí, tomou o pão em suas santas mãos. Antes que seja consagrado é pão; quando, no entanto, sobrevêm as palavras de Cristo, é o Corpo de Cristo. Ouve-o, enfim, dizer: *Recebei e comei todos dele, pois isto é o meu corpo*. Também antes das palavras de Cristo é cálice cheio de vinho e água; quando as palavras de Cristo produziram efeito, aquilo se torna sangue para a redenção do povo. Vede, pois, de que maneiras a palavra

---

129. Cf. Mt 26,26-28; Lc 22,19-20; 1Cor 11,23-25. A respeito das narrações litúrgicas da instituição, cf. CAGIN, P. *L'Eucharistie*. Paris, 1912, p. 224-251. • HAMM, F. *Die liturgischen Einsetzungsberichte*. Münster, 1928.

de Cristo é capaz de transformar tudo. Acresce que foi o próprio Senhor Jesus que no-lo garantiu: recebemos o seu Corpo e Sangue. Deveríamos, por acaso, duvidar da autoridade e do testemunho dele?

²⁴Volta, agora, comigo para o assunto que temos em vista. Foi, sem dúvida, grande coisa e digna de respeito o maná ter caído do céu como chuva, em favor dos judeus. Mas reflete: O que é maior, o maná do céu ou o corpo de Cristo? Evidentemente, o corpo de Cristo, que é o autor do céu. Afinal, quem comeu o maná morreu; quem comer este corpo receberá a remissão dos pecados e *nunca mais morrerá*[130].

²⁵Não é, pois, sem motivo que tu dizes: *Amém*, reconhecendo já, em espírito, que recebes o corpo de Cristo. Quando te apresentas para pedi-lo, o sacerdote te diz: *Corpo de Cristo*. E tu respondes: *Amém*[131], quer dizer, *É verdade*[132]. Aquilo que a língua confessa, conserve-o o afeto. No entanto, para saberes: é este o sacramento, precedido pela figura.

---

130. Cf. Jo 6,48.59.
131. O Amém foi restabelecido pela reforma litúrgica preconizada pelo Concílio Vaticano II.
132. Cf. *Myst.* 54. O mesmo uso é atestado pelo Papa Cornélio (*Epist.* 3, Mansi I, 828).

6 ²⁶Reconhece ainda a grandeza deste sacramento. Repara no que Ele diz: *Cada vez que o fizerdes, fá-lo-eis em minha memória, até que eu volte*[133].

²⁷E o sacerdote acrescenta: *Lembrando-nos, pois, de sua gloriosíssima Paixão e da Ressurreição dos infernos e da Ascensão ao céu, nós te oferecemos esta Hóstia imaculada, Hóstia espiritual, Hóstia incruenta, este pão santo e o cálice de vida eterna*[134], *e te pedimos e suplicamos que recebas esta oblação pelas mãos dos teus anjos no teu altar do alto, assim como te dignaste receber os dons de teu servo o justo Abel e o sacrifício de nosso Patriarca Abraão, como também te ofereceu o sumo sacerdote Melquisedeque*[135].

²⁸Cada vez, pois, que o recebes, que te diz o apóstolo? *Cada vez que o recebemos, anunciamos a morte do Senhor*[136]. Se anunciamos a morte do Senhor, anunciamos a remissão dos pecados. Se cada vez que se derrama o

---

133. Cf. 1Cor 11,20.
134. Esta primeira parte constitui a anamnese, cf. LIEIZNIANN, H. *Messe und Herrenmahi*. Bon, 1936, p. 50-68.
135. Esta oração corresponde ao *Supra quae* e ao *Supplices* da antiga missa romana. A respeito da intervenção dos anjos, cf. BOTTE, B. "L'Ange du sacrifice". *Cours et Conférences des Semaines Liturgiques*. Tomo V. Lovaina, 1929, p. 209-221. • *Recherches de Théologie Ancienne et Mediévale*, I, 1929, p. 285-308 (para a Idade Média). Quanto ao título de sumo sacerdote atribuído a Melquisedeque, é impossível querer explicá-lo, como se fora má tradução do texto grego, pois também se encontra na *Const. Apost.* VIII, 12.
136. Cf. 1Cor 11,26.

sangue, ele se derrama para a remissão dos pecados, devo recebê-lo sempre, para que sempre me perdoe os pecados. Eu, que sempre peco, devo ter sempre o remédio.

[29]Até o momento, e também hoje, explicamos o que foi possível. Mas amanhã e sábado, como também domingo, falaremos da oração do Senhor e da ordem de rezar, quanto for possível. Que o Senhor, nosso Deus, vos conserve a graça que vos deu e que vos abra sempre mais os olhos que se dignou iluminar pelo seu Filho único, Rei e Salvador, Senhor e Deus nosso, por quem e com quem recebe louvor, honra, glória, majestade, poder, com o Espírito Santo, desde sempre, agora e para sempre, pelos séculos dos séculos. Amém.

Livro V

1 [1]Ontem, o nosso sermão e exposição nos levaram até os sacramentos do santo altar e descobrimos que uma figura destes sacramentos os havia precedido nos tempos de Abraão, quando São Melquisedeque, que não tinha *nem começo nem fim de vida,* ofereceu o sacrifício. Ouve, ó homem, o que diz o Apóstolo Paulo aos hebreus: Onde estão aqueles que afirmam ser deste mundo o Filho de Deus? Afirmou-se que Melquisedeque não tinha nem começo, nem fim de vida. Se

Melquisedeque não tem começo de vida[137] por acaso Cristo podia ter? Evidentemente a figura não pode ser mais do que a realidade. Vês, pois, que Ele é, ao mesmo tempo, *o primeiro e o último*[138]. O primeiro, porque autor de todas as coisas; o último, não porque teria fim, mas porque leva todas as coisas à consumação.

²Temos, pois, afirmado que se coloca o cálice e o pão sobre o altar. O que é que se põe no cálice? Vinho. E o que mais? Água. Mas tu me dizes: Como então? Melquisedeque ofereceu vinho e pão. Que significa a mistura com água? Examina o motivo.

³Em primeiro lugar, a figura que precedeu no tempo de Moisés, que é que ela contém? Como o povo dos judeus tivesse sede e murmurasse por não encontrar água, Deus mandou a Moisés que tocasse o rochedo com o bastão. Tocou o rochedo e dele fez correr água em abundância[139], como diz o Apóstolo: *Beberam do rochedo, que vinha ao depois, o rochedo de fato era Cristo*[140]. O rochedo não era imóvel, pois vinha depois do

---

137. Quase sempre os personagens que comparecem nas Escrituras têm determinada a sua origem, sobretudo os que exerciam o sacerdócio no povo de Deus. De Melquisedeque nada se diz, nem como apareceu nem como terminou sua vida. A Escritura diz que era sacerdote e por não se ligar ao sacerdócio hereditário de uma família, ele é figura do sacerdócio singular de Cristo.
138. Ap 1,17; cf. 22,13.
139. Cf. Ex 17,1-6.
140. 1Cor 10,4.

povo. Também tu, bebe, para que o Cristo te siga. Sê atento ao mistério: Moisés, quer dizer um profeta, com seu bastão, isto é, com a Palavra de Deus, significa o sacerdote, que, com a Palavra de Deus, toca o rochedo. Corre água. E o povo de Deus bebe. Assim, pois, o sacerdote toca o cálice, a água se movimenta no cálice, brota para a vida eterna[141]. E o povo de Deus, que obteve a graça, bebe.

[4]Estás, assim, instruído a respeito destas coisas. Dispõe-te, ainda, para o que se segue: No tempo da Paixão do Senhor, ao aproximar-se o grande sábado, porque Nosso Senhor Jesus Cristo ou os ladrões ainda estavam em vida, foram enviadas pessoas para que lhes quebrassem os ossos. Ao chegarem, encontraram Nosso Senhor Jesus Cristo morto. Um dos soldados, então, atingiu-lhe o lado com a lança e dele correu água e sangue[142]. Por que água? Por que sangue? Água, para purificar. Sangue, para resgatar. Por que do lado? Para que a graça proviesse donde proveio a culpa. A culpa veio pela mulher, a graça por Nosso Senhor Jesus Cristo[143].

---

141. Cf. Jo 4,14.
142. Cf. Jo 19,31-34. A fórmula "do lado de Cristo saiu sangue e água ao mesmo tempo" (*Missale Ambrosianum Duplex*, p. 236) encontrou grande difusão na Idade Média. Cf. BUENNER, D. *L'ancienne liturgie romaine* – Le rite Lyonnais. Lyon, 1934, p. 229-230.
143. Cf. Jo 1,17.

2 ⁵Chegaste ao altar. O Senhor Jesus te chama, ou chama tua alma ou ainda a Igreja e diz: *Que me beije com os beijos de sua boca*[144]. Queres aplicar isto a Cristo? Nada de mais grato. Queres aplicá-lo à tua alma? Nada de mais agradável.

⁶Que me beije. Vê Ele que estás puro de todo o pecado, porque as faltas foram lavadas. Por isso te julga digno dos sacramentos celestes e te convida ao banquete celeste: *Que me beije com beijos de sua boca.*

⁷No entanto, por causa do que segue, tua alma ou a humanidade, ou a Igreja, vendo-se purificada de todos os pecados e digna de aproximar-se do altar de Cristo – pois o que é o altar de Cristo, senão a imagem do corpo de Cristo?[145] – descobre os sacramentos admiráveis e acrescenta: *Que me beije com beijos de sua boca*, quer dizer, que o Cristo me penetre com seu ósculo.

⁸Por quê? *Porque os teus seios valem mais que o vinho*[146], quer dizer, teus pensamentos, teus sacramentos valem mais que o vinho. Mais do que o vinho: embora este contenha suavidade, alegria, sabor, no entanto, nele a alegria é mundana, enquanto em ti o agrado é também espiritual. Já então, pois, Salomão representa

---

144. Ct 1,1.
145. Cf. *Sacr.* IV, 7.
146. Ct 1,1.

as núpcias ou de Cristo e da Igreja, ou do espírito e da carne, ou do espírito e da alma.

⁹E acrescentou: *Teu nome é um perfume derramado e é por isso que as jovens te amaram*[147]. Quem são essas jovens, senão as almas todas que depuseram a velhice deste corpo, rejuvenescidas que foram pelo Espírito Santo?

¹⁰*Atrai-nos, para que corramos atrás do odor de teus perfumes*[148]. Vê o que se diz: Não podes seguir a Cristo, a não ser que Ele próprio te atraia. Para que, afinal, te convenças, diz Ele, *quando eu for elevado, atrairei tudo a mim*[149].

¹¹*O rei me introduziu em seu aposento*[150]. O texto grego diz *em sua adega* ou *em seu celeiro*. Lá onde existem boas bebidas, bons perfumes, mel doce, frutas à escolha, iguarias variadas, para que tua comida seja condimentada com os mais numerosos pratos.

3 ¹²Portanto, tu te aproximaste do altar, recebeste o corpo de Cristo. Ouve, mais uma vez, quais são os sacramentos que recebeste. Ouve a São Davi, que fala. Também ele, em espírito, previa tais mistérios, se alegrava, dizendo que nada lhe estava a faltar. Por quê?

---

147. Ct 1,2.
148. Ct 1,3.
149. Jo 12,32.
150. Ct 1,4 (*Sept.*). • Cl 1,3 (*Vulg.*).

Porque aquele que recebeu o corpo de Cristo jamais terá fome[151].

¹³Quantas vezes ouviste o Sl 22 e não o compreendeste. Repara como ele se aplica bem aos sacramentos celestes: *O Senhor é meu Pastor e nada me faltará. Levou-me à pastagem e conduziu-me para a água que me conforta, restituindo-me a vida. Conduziu-me pelas sendas da justiça, por causa de seu nome. Mesmo se eu andar em meio à sombra da morte, não temerei mal algum, porque estás comigo. Teu cetro e teu bastão me sustentaram.* Cetro é poder soberano; bastão é sofrimento. Quer dizer, a eterna divindade de Cristo, mas, igualmente, o seu sofrimento físico. Aquela me criou. Este me resgatou. *Tu me preparaste uma mesa diante daqueles que me afligem. Ungiste-me a cabeça com óleo e teu cálice inebriante, quanto é preclaro*[152].

¹⁴Assim vós vos aproximastes do altar, recebestes a graça de Cristo, obtivestes os sacramentos celestes. A Igreja se rejubila pela redenção de um grande número e se alegra, com satisfação íntima, de ver-vos junto a si, como família vestida de branco[153]. É o que encontras

---

151. Cf. Jo 6,35.
152. Sl 22,1-5. Cf. *Myst.* 43. Sobre os numerosos testemunhos que atestam o papel do Sl 22 na liturgia batismal, cf. DANIÉLOU, J. "La messe et sa catéchèse ches les pères de l'Eglise". *La messe et sa catèchèse.* Paris, 1947, p. 33-72.
153. Alusão à veste branca dos batizados. Cf. *Myst.* 34-35.

no Cântico dos Cânticos: Em sua alegria invoca ela o Cristo; preparando-lhe um banquete que pareça digno festim celestial. É por isso que ela exclama: *Que meu irmão desça para o seu jardim e colha os frutos de suas árvores*[154]. Que significam essas árvores frutíferas? Tu te transformaste em Adão, num lenho seco; mas agora, pela graça de Cristo, vos transformais em rebentos de árvores frutíferas.

[15]O Senhor Jesus recebeu, alegre, o convite, respondendo à sua Igreja, com bondade celeste: *Desci* – diz Ele – *para o meu jardim. Colhi a mirra com os meus perfumes. Comi o pão com meu mel. Bebi o vinho com meu leite. Comei,* – acrescenta Ele – *meus irmãos, e inebriai-vos*[155].

[16]Eu colhi minha mirra com os meus perfumes. Que colheita é esta? Procurai conhecer a vinha e reconhecereis a colheita: *Transplantaste*, diz a Escritura, *tua vinha do Egito*, isto é, transplantaste o povo de Deus. Vós sois a vinha, vós a colheita. Plantados como vinha, produzistes fruto como se fôsseis colheita. Colhi a mirra com os meus perfumes, isto é, em vista do odor que recebestes.

[17]Comi o meu pão com meu mel. Vês que não há nenhum amargor neste pão, antes é todo doçura.

---

154. Ct 5,1.
155. Ibid.

Bebi o meu vinho com meu leite. Vês que esta espécie de alegria não se corrompe com mancha alguma de pecado, pois, cada vez que bebes, recebes o perdão dos pecados e te inebrias em Espírito. É por isso que também o apóstolo diz: Não *vos embriagueis com vinho, mas enchei-vos do Espírito*[156]. Aquele que se inebria com vinho vacila e cambaleia; o que se inebria pelo Espírito está enraizado no Cristo. É, pois, assim, uma excelente embriaguez, aquela que produz a sobriedade do espírito. É esta a breve revisão que nos impusemos a respeito dos sacramentos.

4 [18]Teríamos ainda que tratar de outra coisa, fora da oração? Não penseis que tenha pouca importância saber como rezar. Diziam os apóstolos ao Senhor Jesus: *Senhor, ensina-nos a rezar, como João ensinou a seus discípulos.* Então o Senhor proferiu a seguinte oração: *Pai nosso que estás no céu, santificado seja o teu nome, venha o teu Reino, seja feita a tua vontade, assim no céu como na terra. O pão nosso de cada dia nos dá hoje e perdoa-nos as nossas ofensas, assim como também nós perdoamos aos que nos têm ofendido e não nos permitas cair em tentação, mas livra-nos do mal*[157]. Vês como é curta esta oração e

---

156. Ef 5,18.
157. Lc 11,1-4. • Mt 6,9-13.

contém todas as qualidades. Quanta suavidade na primeira palavra![158]

[19]Ó homem, não ousavas levantar teu rosto para o céu, baixavas os olhos para a terra e, de repente, recebeste a graça de Cristo; todos os teus pecados te foram perdoados. De mau servo, passaste a ser bom filho. Não te fies, pois, em tua ação, mas na graça de Cristo. *Pela graça fostes salvos*, diz o apóstolo[159]. Não é, pois, a arrogância, mas a fé que se encontra aqui. Proclamar o que recebeste não é soberba, mas devoção. Levanta, pois, os olhos ao Pai que te gerou pelo Batismo, ao Pai que te resgatou pelo Filho e dize: *Pai nosso*. Bela pretensão, mas moderada. Como filho, o chamas de Pai. Mas não reivindiques para ti privilégio algum. Ele é Pai, de maneira especial, só do Cristo; de nós todos é Pai comum, porque só a Ele gerou e a nós criou. Dize, pois, também tu, pela graça: *Pai nosso*, para mereceres ser filho. Recomenda-te pelo favor e pela consideração da Igreja.

[20]*Pai nosso, que estás nos céus*. Que significa: *Nos céus?* Ouve a Escritura que diz: O Senhor, elevado acima de todos os céus[160]. Encontras, por toda parte, a prova de que o Senhor está acima dos céus dos céus, como

---

158. Os editores ligam esta última frase ao parágrafo precedente. Mas o sentido indica que ela se liga ao número seguinte.
159. Ef 2,5.
160. Sl 112,44.

se os anjos também não estivessem nos céus, como se as dominações lá não estivessem. Mas é nos céus, dos quais se disse: *cantam os céus a glória de Deus*[161]. O céu está lá onde cessou a culpa. O céu está lá onde os crimes não têm vez, o céu está lá onde a morte já não fere.

[21]*Pai nosso que estás no céu, santificado seja o teu nome.* Que significa: *Seja santificado?* Como se nós desejássemos que se santificasse aquele que diz: *Sede santos, porque eu sou santo*[162]. Como se nossas palavras pudessem acrescentar algo à sua santidade. Não. Mas para que Ele seja santificado em nós, a fim de que sua ação santificante chegue até nós.

[22]*Pai nosso que estás no céu, santificado seja o teu nome, venha teu reino.* Como se não fosse eterno o Reino de Deus. O próprio Jesus diz: *Nele Eu nasci*[163]. E tu dizes ao Pai: *Venha teu reino*, como se ainda não tivesse chegado. Mas o Reino de Deus chegou na hora em que recebeste a graça. Pois é o próprio Cristo quem diz: *O Reino de Deus está dentro de vós*[164].

[23]*Venha teu reino, faça-se a tua vontade assim no céu e na terra; dá-nos hoje nosso pão cotidiano.* Tudo foi

---

161. Sl 18,2.
162. Lv 19,2.
163. Jo 18,37. Os comentadores de Santo Ambrósio traduzem o texto assim, mas Santo Agostinho refuta esta interpretação ambrosiana. Cf. *Tract. in Ioann*, 115,4.
164. Lc 17,21.

pacificado pelo sangue de Cristo, tanto no céu como na terra[165]: O céu foi santificado, dele foi expulso o diabo. Este anda por onde anda o homem a quem ele enganou. Seja feita a tua vontade, isto é, haja paz na terra como no céu.

[24]*Dá-nos hoje o pão nosso cotidiano.* Lembro-me do que vos disse, quando vos expliquei os sacramentos. Afirmei que, antes das palavras de Cristo, aquilo que se oferece se chama pão; na hora em que forem pronunciadas as palavras de Cristo, já não se diz pão, mas é chamado corpo. Por que, então, na oração do Senhor, que se reza logo depois, se diz: *Pão nosso?* Ele, de fato, afirmou – *pão*, mas o chamou ἐπιούσιον, quer dizer, substancial. Não se trata do pão que entra no corpo, mas daquele pão da vida eterna, que reconforta a substância de nossa alma. É por isso que, em grego, é chamado ἐπιούσιος. O latim, porém, o chamou de pão quotidiano, porque os gregos traduzem τὴν ἐπιούσαν ἡμέραν – o dia de amanhã. Assim, pois, tanto o que diz o latim quanto o que diz o grego, ambos os sentidos parecem ser úteis. O grego exprimiu, numa palavra, os dois significados. O latim acabou dizendo *cotidiano*.

[25]Se o pão é cotidiano, por que o receberias só após um ano, como têm costume de o fazer os gregos no

---

165. Cf. Cl 1,20.

Oriente?[166] Recebe, todos os dias, aquilo que te deve ajudar todos os dias. Vive de tal forma, que mereças recebê-lo todos os dias. Quem não o merece receber todos os dias não o merece receber uma vez ao ano. Assim como São Jó oferecia, todos os dias, o sacrifício em favor dos filhos, com o receio de que cometessem algum pecado no coração e nas palavras[167]. Tu, pois, que ouves que todas as vezes que se oferece um sacrifício se significa a morte do Senhor[168], a ressurreição do Senhor, a ascensão do Senhor e a remissão dos pecados, não receberias este pão da vida cada dia? Aquele que tem ferida procura remédio. É ferida estarmos sujeitos ao pecado. O remédio é o celeste e venerável sacramento.

²⁶*O pão nosso de cada dia nos dá hoje*. Se o recebes cada dia, este *cada dia*, para ti, é hoje. Se o Cristo te pertence hoje, ressuscita para ti cada dia. Como? *Tu és meu filho, eu hoje te gerei*[169]. Hoje, portanto, é o dia em que Cristo ressurge. *Ele é o mesmo ontem e hoje*[170], diz o Apóstolo Paulo, mas acrescenta em outro lugar: *A noite passou e chegou o dia*[171]. Passou a noite de ontem e começou a raiar o dia de hoje.

---

166. Seria uma censura ao costume oriental de comungar uma só vez ao ano?
167. Cf. Jó 1,5.
168. Cf. 1Cor 11,26.
169. Sl 2,7.
170. Hb 13,8.
171. Rm 13,12.

²⁷Vamos ao que se segue: *E perdoa-nos as nossas ofensas, assim como nós perdoamos aos que nos têm ofendido.* Que é esta ofensa, senão o pecado? Pois se não tivesses recebido dinheiro de um financiador estranho, não estarias na penúria. É por isso que o pecado te é atribuído. Possuías o dinheiro, com o qual devias nascer rico. Eras rico, feito à imagem e semelhança de Deus[172]. Perdeste o que possuías, isto é, a humildade. Na hora em que desejas vingar-te da arrogância, perdeste o dinheiro, ficaste nu como Adão, aceitaste a dívida do diabo, que não era obrigatória. E, desta forma, tu que eras livre em Cristo te fizeste devedor do diabo. O inimigo tinha em mãos tua caução, mas o Senhor a crucificou e a destruiu com seu sangue[173]. Suprimiu Ele a tua dívida e te restituiu a liberdade.

²⁸É, pois, com razão, que Ele diz: *E perdoa-nos as nossas ofensas, assim como nós perdoamos aos que nos têm ofendido.* Repara no que dizes: *Assim como eu perdoo, da mesma forma me perdoa a mim.* Se tu perdoas, realizas um bom acordo para que se perdoe a ti. Se não perdoas, como chegas a convencê-lo que perdoe?

²⁹*E não nos deixes cair em tentação, mas livra-nos do mal.* Presta atenção no que Ele diz: *E não nos deixes cair na tentação,* a que não podemos resistir. Não diz: *Não*

---

172. Cf. Gn 1,26-27.
173. Cf. Cl 2,14.

nos induzas em tentação[174]. Como atleta, quer Ele provas que a humanidade possa suportar e quer ainda que cada qual fique livre do mal, isto é, do inimigo, do pecado.

[30]O Senhor, no entanto, que vos tirou o pecado e vos perdoou as faltas, é capaz de vos proteger e guardar contra as tramoias do diabo que vos combate, a fim de que o inimigo, que tem o hábito de gerar a culpa, não vos surpreenda. Mas aquele que se confia a Deus não teme o diabo. Pois, *se Deus está conosco, quem estará contra nós?*[175] A Ele, pois, louvor e glória, desde sempre, agora e para sempre, e pelos séculos dos séculos. Amém.

Livro VI

1 [1]Da mesma forma que Nosso Senhor Jesus Cristo é verdadeiro Filho de Deus, não pela graça, como os homens, mas enquanto Filho de Deus, da substância do Pai, assim é sua verdadeira carne, como Ele próprio disse, que recebemos e é seu verdadeiro sangue que bebemos[176].

[2]Mas talvez digas – o que naquele tempo também disseram os discípulos de Cristo, quando o ouviram falar:

---

174. A expressão "não nos induzas em tentação" é dada por Tertuliano, como paráfrase: *De orat.* 8. Aliás se encontra no texto mesmo de São Cipriano: *De Orat. Dom.* 25.
175. Rm 8,31.
176. Cf. Jo 6,56.

Aquele que não comer a minha carne e não beber o meu sangue não permanecerá em mim e nem terá a vida eterna[177] – talvez digas: Como é sua verdadeira carne? De fato, vejo a imagem do sangue e não lhe vejo a realidade.

³Em primeiríssimo lugar, eu te digo, a respeito da palavra de Cristo, que é operante: ela pode mudar e transformar as leis gerais da natureza. Ainda mais. Na hora em que os discípulos, não podendo suportar as palavras de Cristo, ao ouvir dizer que daria sua carne como comida e seu sangue como bebida, se afastavam[178], somente Pedro então disse: *Tens palavras de vida eterna, e eu, aonde irei, se me afastar de ti?*[179] Para que, no entanto, muitos não digam a mesma coisa, sob pretexto de sentirem repugnância do sangue, e para que se mantenha assim a graça da redenção, recebes o sacramento sob espécie, mas consegues a graça e a virtude da realidade.

⁴*Eu sou*, diz Ele, *o pão vivo que desci do céu*[180]. No entanto, sua carne não desceu do céu, melhor, Ele assumiu, na terra, a carne da Virgem. Como então desceu do céu o pão e o pão vivo? Porque o mesmo Senhor Nosso Jesus Cristo é consorte, tanto da divindade quanto do

---

177. Cf. Jo 6,54.
178. Cf. Jo 6,61-62.
179. Cf. Jo 6,69.
180. Jo 6,41.

corpo, e tu, que recebes sua carne, participas, naquele alimento, de sua substância divina.

2 ⁵Tomaste, portanto, parte dos sacramentos e tens pleno conhecimento de tudo, uma vez que és batizado no nome da Trindade. Em tudo o que temos feito, respeitamos o mistério da Trindade. Em toda parte está presente o Pai, o Filho e o Espírito Santo, uma só atuação, uma só santificação, embora pareça haver alguns traços distintivos.

⁶Como? É Deus que te ungiu, é o Senhor que te marcou de um selo e infundiu o Espírito Santo em teu coração[181]. Recebeste, pois, o Espírito Santo em teu coração. Vê ainda um outro ponto: da mesma sorte que o Espírito Santo está em teu coração, também o Cristo aí está. Como? Percebes isso no Cântico dos Cânticos, quando Cristo fala à Igreja: *Coloca-me como um selo em teu coração, como um selo em teus braços*[182].

⁷Portanto, Deus te ungiu, Cristo te marcou com o selo. Como? Foste marcado com o sinal da cruz de Cristo, com o sinal de sua Paixão. Recebeste o sinal, para te assemelhares a Ele, para ressuscitares à sua imagem, para que vivas a exemplo daquele que foi crucificado ao

---

181. Cf. 2Cor 1,21-22.
182. Ct 8,6.

pecado e vive para Deus. E o velho homem que eras, mergulhado na fonte, foi crucificado ao pecado, mas ressuscitou para Deus[183].

⁸Ainda há outro motivo novo por que Deus te chamou[184]. No Batismo és crucificado com Cristo, como que de maneira especial[185]. Em seguida, acresce algo de extraordinário ao receberes o selo espiritual[186]. Vês que existe uma distinção de pessoas, mas que todo o mistério da Trindade está conexo[187].

⁹Que te disse, então, o apóstolo, na leitura de anteontem? *Há diversidade de graças, mas um mesmo Espírito; diversidade de ministérios, mas um mesmo Senhor; diversidade de atuação, mas um mesmo Deus, que opera tudo em todos*[188]. Conforme te diz, é Deus que opera tudo. Foi lido, no entanto, também, a respeito do Espírito de Deus: *Um só e o mesmo Espírito reparte a cada qual como quer*[189]. Ouve a Escritura que diz: O Espírito reparte segundo a sua vontade, e não por obediência. O Espírito, pois, vos tem distribuído a graça, conforme a

---

183. Cf. Rm 6,4-6.10.
184. Cf. Gl 1,6.
185. Cf. Rm 6,6.
186. Cf. *Sacr.* IV, 8.
187. Nesse parágrafo, Ambrósio lembra que o chamado à vocação é obra do Pai; a redenção é realizada pela cruz de Cristo; enquanto que o Espírito imprime o selo da espiritualidade.
188. 1Cor 12,4-6.
189. 1Cor 12,11.

sua vontade e não porque tenha recebido ordem, e isso, sobretudo, porque o Espírito de Deus é o Espírito de Cristo. Guardai, sobretudo, que Ele é o Espírito Santo, que é o Espírito de Deus, que é o Espírito de Cristo, que é o Espírito Paráclito.

¹⁰Os arianos julgam diminuir o Espírito Santo, ao chamá-lo Espírito Paráclito. Que é o Paráclito, senão o Consolador? Como se também não se lesse a respeito do Pai que Ele é o Deus da consolação[190]. Vês, pois, que pensam diminuir o Espírito Santo pelo próprio fato em que é proclamado, com ternura filial, o poder do Pai Eterno.

3 ¹¹É hora de darmos atenção ao modo de rezar. A oração exige muitas qualidades. Não importa pouco, nem é questão secundária saber onde deves rezar. Diz o apóstolo: *Quero que os homens rezem em todo lugar, levantando mãos puras, sem cólera e sem discussões*[191]. E o Senhor diz no Evangelho: *Tu quando rezas, entra em teu quarto e, de porta fechada, reza a teu Pai*[192]. Não te parece haver contradição entre o que diz o apóstolo: *Reza em todo o lugar* e o que diz o Senhor: *Reza no interior do teu quarto?* De fato, não há contradição. Resolvamos, pois, esta questão, e passemos em seguida a considerar como

---

190. 2Cor 1,3.
191. 1Tm 2,8.
192. Mt 6,6.

deves iniciar a oração, de que maneira dividi-la, o que introduzir, o que expor: como terminar a oração; afinal, por quem rezar. Aprendamos tudo isso.

¹²Em primeiro lugar, onde deves rezar? Paulo parece dizer uma coisa, o Senhor, outra. Pode, por acaso, Paulo ensinar preceitos contrários aos de Cristo? De forma alguma. Por que razão? Porque não é adversário, mas intérprete de Cristo: *Sede meus imitadores* -- diz ele – *como eu também o sou de Cristo*[193]. E então? Podes rezar em toda parte e rezar sempre em teu quarto. Por toda parte, dispões de teu quarto. Mesmo que estejas em meio aos gentios, em meio aos judeus, dispões por toda parte de teu quarto secreto. Teu quarto é teu espírito, mesmo que estejas em meio ao povo: conservas, no entanto, no teu interior, o quarto fechado e secreto.

¹³Tu, porém, quando rezas, entra em teu quarto. Tem ele razão, quando diz: *Entra,* temendo que rezes como o judeu, a quem se diz: *Esse povo me honra com os lábios, mas o coração está longe de mim*[194]. Tua oração, portanto, não proceda apenas de teus lábios. Sê atento, todo inteiro, com teu espírito. Entra, todo, no recesso de teu coração. Que aquele, a quem desejas agradar, não te encontre negligente. Que Ele te veja

---

193. 1Cor 4,16; 11,1.
194. Is 29,13. • Mt 15,8.

rezando de coração, a fim de que se digne escutar-te ao rezares de coração.

¹⁴Tu, porém, quando rezas, entra em teu quarto. Encontras este preceito também alhures: *Anda, meu povo, entra em teus quartos, esconde-te um pouco, até que passe a cólera do Senhor*¹⁹⁵. É o que o Senhor falou pelo profeta. Mas no Evangelho diz: *Tu, porém, quando rezas, entra em teu quarto, e, fechada a porta, reza a teu Pai*.

¹⁵Que significa: *Fechada a porta?* Que porta temos nós? Aprende que tens uma porta que deves fechar, quando rezas. Oxalá o escutassem as mulheres! Já o ouviste, pois foi o Profeta Davi que te ensinou, dizendo: *Coloca, Senhor, uma guarda à minha boca e uma porta para fechar os meus lábios*¹⁹⁶. Existe em outro lugar uma porta de que fala o Apóstolo Paulo, dizendo: *A fim de que se abra para mim a porta da Palavra, para expor o mistério de Cristo*¹⁹⁷, quer dizer: Quando rezas, não eleves a voz, gritando, nem espalhes a tua oração, nem te vanglories por entre as multidões. Reza no teu íntimo, na certeza que te possa ouvir, no íntimo, aquele que tudo vê e tudo escuta. *E reza a teu Pai às escondidas. Aquele que vê no recôndito ouve tua prece*¹⁹⁸.

---

195. Is 26,20.
196. Sl 140,3.
197. Cl 4,3.
198. Mt 6,6.

4 ¹⁶Procuremos, no entanto, saber as vantagens, os motivos, por que se reza melhor em segredo do que em altos brados. Escuta: analisemos a questão a partir do costume dos homens. Se solicitas a alguém que ouve logo, não supões ser necessário gritar. Solicitas suavemente e em tom moderado. Se porém te diriges a alguém que é surdo, não começas, por acaso, a gritar em altos brados para que te possa ouvir? Quem, portanto, grita imagina que Deus não possa escutar senão a quem grita, e, ao rogar, derroga-lhe o poder. Quem, no entanto, reza em silêncio dá provas e reconhece que Deus perscruta o coração e os rins[199] e que Ele escuta tua oração antes que ela se derrame de tua boca.

¹⁷Vejamos, pois: quero que os homens rezem em todo lugar[200]. Por que razão disse Ele: *homens?* Evidentemente, a oração é comum tanto às mulheres quanto aos homens. Não encontro razão, senão, quem sabe, no fato de o santo apóstolo mencionar os homens temendo que as mulheres se adiantem, compreendendo mal a expressão *em todo lugar*, e comecem a gritar por toda parte. Elas, a quem não conseguimos manter caladas na Igreja.

¹⁸Quero que os homens, isto é, aqueles que são capazes de guardar este preceito, rezem em todo lugar,

---

199. Sl 7,10.
200. 1Tm 2,8.

levantando mãos puras. O que quer dizer: *Levantando mãos puras?* Por acaso deves, durante a oração, mostrar aos pagãos a cruz do Senhor?[201] É, sem dúvida, um sinal destinado a dar coragem e não vergonha. Existe, no entanto, possibilidade de rezares, sem este gesto, mas elevando teus atos. Se queres fazer o que deves, levantas as mãos puras pela inocência. Não as levantas todos os dias, pois as levantaste uma vez e não é necessário levantá-las de novo.

[19]Quero que em todo lugar os homens rezem, levantando mãos puras, sem ira e sem discussões. Nada de mais verdadeiro. *A ira*, diz a Escritura, *deita a perder até os sábios*[202]. Assim, em todo lugar deve o homem cristão moderar a cólera quanto possível, mas sobretudo quando se dispõe a rezar. Para que a indignação não perturbe a tua alma, nem os acessos de raiva e furor impeçam tua oração, dispõe-te, antes, a rezar com o coração apaziguado. Por que mesmo te irritares? Teu escravo cometeu alguma falta? Dispões-te a rezar, a fim de que teus próprios delitos te sejam perdoados, e tu te indignas com os de um outro. É esta, pois, a lição: Rezarás sem ira.

---

201. Quanto à atitude dos cristãos durante a oração, cf. TERTULIANO. *De orat.*, 14. • ORÍGENES. *In Ex. hom.* 3,3. • AGOSTINHO. *Enarr. in Ps.*, 62, 13.
202. Pr 15,1 (*Sept.*).

5 ²⁰Vejamos agora o que se diz a respeito das discussões: em geral, é com atitude de negociante que vamos rezar ou com a do avarento, que pensa em dinheiro; afinal, como alguém, empenhado no lucro, nas honras, na cobiça. E, assim mesmo, cada qual pensa que Deus o possa atender. Tira antes a conclusão: quando rezas, convém que prefiras as coisas de Deus aos assuntos humanos.

²¹*Da mesma forma,* diz o Apóstolo Paulo, *quero também que as mulheres rezem sem ostentação de adornos e joias*[203]. Mas o Apóstolo Pedro acrescenta: *O encanto da mulher tem a maior importância, para que se oriente o afeto do marido pela boa conduta da esposa e o infiel se dobre à graça de Cristo*[204]. Vê a influência da seriedade e da pureza da mulher: ela chama seu marido à fé, e à devoção, coisa que frequentemente se realiza pela palavra de um homem prudente. *Assim, pois,* diz ele, *a mulher não coloque o seu adorno nos cabelos e nas tranças, mas na oração que sai de um coração puro, lá onde está o homem escondido, do coração que sempre é rico diante de Deus*[205]. Tens, portanto, aí a medida pela qual és rica. Tuas riquezas no Cristo são: o pudor e a castidade, teus ornamentos são a fé, a devoção e a misericórdia. São estes os tesouros da justiça, como o lembrou o profeta[206].

---

203. 1Tm 2,9.
204. Cf. 1Pd 3,1.
205. Cf. 1Pd 3,3-4.
206. Cf. Cl 2,3.

²²Escuta, a partir de agora, por onde deves começar. Dize-me: Se pretendes pedir algo a alguém e começares desta forma: "Dá cá, é isto que te peço", não pareceria arrogante o pedido? Bem, por isso, a oração deve começar com o louvor de Deus, de sorte que te dirijas ao Deus Onipotente, a quem tudo é possível, e que tem vontade de atender. Em seguida, vem a súplica, conforme ensinou o apóstolo, dizendo: *Eu vos peço, pois, que primeiro se façam orações, súplicas, pedidos, ações de graças*[207]. A primeira parte da oração deve, pois, conter o louvor de Deus; a segunda, a súplica; a terceira, pedido; a quarta, ação de graças. Não deves começar como um faminto, que fala de comida para recebê-la; começarás, antes, pelo louvor de Deus.

²³Também os oradores hábeis seguem esse método, para tornarem o juiz favorável: começam pelo louvor dele, a fim de torná-lo árbitro benévolo. Em seguida, pouco a pouco, começam a pedir ao juiz para que se digne escutar com paciência. Em terceiro lugar, apresentam o pedido, enunciando-o. Em quarto...[208] Da mesma forma como se começa pelo louvor de Deus, deve cada qual de nós terminar com o louvor de Deus e ação de graças.

---

207. 1Tm 2,1.
208. Deve haver lacuna no texto.

²⁴É o que se verifica na Oração do Senhor[209]: *Pai nosso, que estás no céu*. É louvar a Deus proclamá-lo como Pai; existe nele a glória do amor paterno. É louvar a Deus dizer que habita no céu e não na terra. *Pai nosso que estás no céu, santificado seja teu nome*, quer dizer, que Ele santifique seus servos. Pois seu nome é santificado em nós, quando os homens são proclamados como cristãos. *Santificado seja o teu nome* é a expressão de um desejo. *Venha teu reino* é o pedido que o Reino de Cristo se realize em todos. Se Deus reina em nós, o inimigo aí não pode ter lugar. Não reina a falta, não reina o pecado, mas reina a virtude, reina o pudor, reina o fervor. Continua a oração: *Faça-se a tua vontade, assim no céu como na terra. O pão nosso de cada dia nos dá hoje.* Este é o maior pedido entre todos os que se fazem[210]. *E perdoa-nos*, diz a oração, *as nossas ofensas, assim como nós perdoamos as ofensas aos que nos têm ofendido*. Por isso, recebe todos os dias, para que todos os dias peças perdão de tua dívida. *E não nos deixes induzir em tentação, mas livra-nos do mal*[211]. Que segue então? Ouve o que diz o

---

209. Mt 6,9. É o segundo comentário da Oração do Senhor. Cf. *Sacr.* V, 18 a 29.
210. Um manuscrito e o mais antigo – *Saint-Gall* 188 – poderia trazer o texto mais autêntico: "Que, segundo a vontade de Deus, os homens mereçam todos os dias o pão dos anjos".
211. Também aqui o manuscrito de *Saint-Gall* 188 acrescenta: "Se pedes a Deus com coração puro e depois de ter feito o bem, nenhuma tentação má poderá encontrar lugar em ti".

bispo: *Por Nosso Senhor Jesus Cristo, em quem e com quem possuis honra, louvor, glória, majestade, poder, com o Espírito Santo, desde sempre, agora e para sempre e pelos séculos dos séculos. Amém.*

²⁵Outro ponto[212]: Embora não haja senão um livro de Salmos de Davi que contém todas as qualidades da oração que acima enumeramos, no entanto, as mais das vezes até num único salmo se encontram todas essas partes da oração, como acontece no oitavo salmo. Efetivamente, assim começa ele: *Senhor, nosso Mestre, quão admirável é teu nome em toda terra.* Eis a primeira parte da oração. Vem, em seguida, o pedido: *Verei os céus, obra de tuas mãos*, isto é, *verei os céus, a lua e as estrelas que Tu fixaste*. Não diz Ele *verei o céu*, mas *verei os céus*, onde a graça começa a resplandecer com fulgor celeste. Esses céus, prometia o profeta, seriam dados aos que merecessem, da parte do Senhor, a graça celeste. *A lua e as estrelas que Tu fixaste*: a lua é a Igreja; as estrelas, os filhos da Igreja que refulgem pela luz da graça celestial[213]. Repara, em seguida, no pedido: *Que é o homem, para dele te lembrares, ou o filho do homem, para o visitares? Tu o colocaste um pouco abaixo dos anjos, o coroaste de honra e glória e o*

---

212. Esse trecho dá a impressão de ser todo ele inacabado.
213. O texto de todos os mais antigos manuscritos torna-se, aqui, ininteligível. Foi corrigido a partir da passagem paralela de *Inst. virg.*

estabeleceste acima das obras de tuas mãos. E o que segue é ação de graças: *Tu colocaste todas as coisas debaixo de seus pés, as ovelhas e os bois todos, e além disso ainda os animais do campo*[214] etc.

26Ensinamos segundo a nossa capacidade o que talvez nem tenhamos aprendido: nós o exprimimos como pudemos. Que vossa santidade, instruída pelos ensinamentos sacerdotais, se esforce por reter o que recebeu, a fim de que vossa oração seja agradável a Deus. Que vossa oblação seja como hóstia pura e que Ele reconheça sempre em vós o seu sinal, a fim de que possais chegar à graça e à recompensa das virtudes, por Nosso Senhor Jesus Cristo, que possui honra e glória, louvor e eternidade, desde sempre, e agora e para sempre, e pelos séculos dos séculos. Amém.

---

214. Sl 8,1-8.

2
Os mistérios

1 ¹Demos, dia por dia[1], instruções sobre a moral, por ocasião da leitura da história dos profetas ou das máximas dos provérbios. Nossa finalidade era formar-vos e preparar-vos para que vos dispusésseis a entrar pela senda de nossos antepassados, seguindo-lhes o caminho e obedecendo aos desígnios de Deus. Estávamos seguros que, desta forma, renovados pelo Batismo, seguiríeis aquele tipo de vida que convém aos que foram purificados.

²No momento presente, as circunstâncias nos convidam a falar sobre os mistérios e a dar-vos uma

---

1. Provavelmente no início da Quaresma, quando os catecúmenos se inscreviam. Cf. *Sacr.* III, 12.

explicação própria dos sacramentos[2]. Se o tivéssemos tentado antes do Batismo, no momento em que ainda não estáveis iniciados, talvez nos tivessem acusado de trair e não de traduzir uma tradição[3]. Aliás, a própria luz dos mistérios penetra melhor na mente dos que não a esperam do que naqueles que receberam alguma explicação anterior[4].

[3] Abri, pois, os ouvidos e aspirai o bom odor da vida eterna difundido sobre vós pelo dom dos sacramentos. Foi o que vos indicamos, ao celebrarmos o mistério da abertura[5], dizendo: *Effetha, que quer dizer Abre-te*[6], a fim de que todo aquele que recebesse a graça soubesse o conteúdo da pergunta e se lembrasse do que devia responder.

[4] Foi este o mistério que o Cristo celebrou no Evangelho, conforme a leitura da cura do surdo-mudo.

---

2. Os *Mistérios* se distinguem, aqui, dos *Sacramentos*. Esses últimos significam os ritos sagrados, enquanto por *Mistérios* se entende o sentido profundo das Escrituras.
3. É jogo de palavras: trair e traduzir – *prodere* – *edere*.
4. Também São Cirilo de Jerusalém exprime a mesma ideia em *Cat. myst.* 1,1.
5. Nada se encontra em Santo Ambrósio sobre o emprego de óleo ou saliva nesta unção, mesmo se se trata, no Sábado Santo, da imposição das mãos, "exsuflação", consignação na fronte, nos ouvidos, nas narinas. Santo Ambrósio se limita, apenas a descrever as ações de Cristo. Duchesne (*Origines du culte chrétien*) e Morin (*Jahrbuch für Liturgiewissenschaft*, 8, p. 104) supõem que esse rito seja feito com óleo.
6. Mc 7,34. Cf. *Sacr.* I. 2.

Tocou-lhe a boca, porque curava alguém que era mudo, e era homem. Por um lado, tinha intenção de abrir-lhe a boca, pelo som da palavra que nela colocava. Por outro, porque o gesto de tocar ficava bem em relação a um homem e não conviria a uma mulher.

2 [5]Após isso, abriram para ti o Santo dos Santos; entraste para o santuário da regeneração. Relembra o que te perguntaram; recorda-te do que respondeste: Renunciaste ao diabo e às suas obras, ao mundo, aos seus excessos e prazeres[7]. Tua palavra está guardada, não em túmulo de mortos, mas no livro dos vivos.

[6]Aí viste o levita; viste o sacerdote; viste o sumo sacerdote. Não consideres seu aspecto exterior, mas a graça de seus ministérios. Em presença dos anjos falaste, como está escrito: *Porque os lábios do sacerdote guardam a ciência e é de sua boca que buscam a lei, porque é ele o anjo do Senhor todo-poderoso*[8]. Não há equívoco, nem há como negar; é o anjo quem anuncia o reino de Cristo, quem anuncia a vida eterna. Não hás de apreciar a pessoa pela aparência, mas pela função. Considera o que te transmitiu. Pondera o exercício de sua função e reconhece sua dignidade.

---

7. Cf. *Sacr.* I.5.
8. Ml 2,7. Cf. *Sacr.* 1,7.

⁷Entraste, pois, para divisares teu adversário, a quem deverás resistir na face. Por isso te voltas para o Oriente[9], pois quem renuncia ao diabo volta-se para Cristo, fitando-o diretamente no rosto.

3 ⁸O que é que viste? Sem dúvida, viste as águas, mas não apenas as águas: os levitas que aí desempenhavam o seu serviço, o sumo sacerdote que interrogava e consagrava[10]. Bem de início, o apóstolo te ensinou que não se deve olhar para o que se vê, mas para o que não se vê, porque aquilo que se vê é temporal, enquanto que o que não se vê é eterno[11]. Pois também em outro lugar topas com a afirmação: *As coisas invisíveis de Deus, desde a criação do mundo, são compreendidas através do que foi feito; também o dinamismo eterno e a própria divindade são apreciados através das realizações*[12]. Foi por isso que o Senhor disse: *Se me não derdes*

---

9. Santo Ambrósio dá a descrição do rito da renúncia no qual o catecúmeno se volta para o Oriente, isto é, para Cristo. No rito oriental, há tal uso com a fórmula de renúncia às pompas do diabo. Encontra-se o mesmo rito em Cirilo de Jerusalém (*Catéch. Myst.* I. PG 33, p. 1.073 B). Sobre o simbolismo, cf. DANIÉLOU, J. "Le symbolisme des rites baptismaux". *Dieu vivant*, I, p. 25-43. • PETERSON, E. "Die geschichtliche Bedeutung der judichen Gebetsrichtung". *Theol. Zeitschr.*, 1947, p.1-14.
10. Cf. nota 20 e ainda *Sacr.* I, 15, 18.
11. 2Cor 4,18.
12. Rm 1,20.

fé, acreditai ao menos nas minhas obras[13]. Crê, portanto, que lá está presente a divindade. Crês na sua ação, não crerias então na presença? Donde viria a ação, caso a presença a ela não precedesse?

[9]Toma em consideração quão antigo é este mistério, e como foi prefigurado desde a origem do mundo. No início mesmo, quando Deus fez o céu e a terra, o Espírito – assim se lê – planava sobre as águas[14]. Aquele que planava sobre as águas por acaso não agia sobre as águas? Mas o que digo? Agia, sim. Quanto à presença, Ele planava. Não agiria aquele que planava? Convence-te de que Ele agia no momento da elaboração do mundo, uma vez que o profeta te diz: *Pela palavra do Senhor foram estabelecidos os céus e pelo sopro de sua boca, todo o poder deles*[15]. Ambas as coisas se apoiam no testemunho do profeta: tanto o fato de ele planar, quanto o de ele agir. Que planava, di-lo Moisés; que agia, testemunha-o Davi.

[10]Vamos a novo testemunho. Toda a carne se havia corrompido por causa de suas iniquidades. *Não permanecerá* – diz Deus – *o meu espírito entre os homens, porque eles são carne*[16]. Deus mostra, por aí, que a impureza da carne e a mancha do pecado mais grave afastam

---

13. Jo 10,38.
14. Gn 1,2.
15. Sl 32,6.
16. Gn 6,3.

a graça espiritual. Querendo, pois, Deus restaurar o que havia dado, preparou o dilúvio e ordenou ao justo Noé, que subisse para dentro da arca[17]. Quando o dilúvio cessou, Noé soltou primeiro um corvo que não voltou; em seguida, soltou uma pomba que, conforme a Escritura, voltou, trazendo um ramo de oliveira[18]. Tu vês a água; vês o lenho; enxergas a pomba; e ainda duvidas do mistério?

[11]É a água, na qual o corpo é imerso para se apagar o pecado carnal. Enterra-se aí toda a ignomínia. O lenho é aquele no qual foi pregado o Senhor Jesus quando sofreu por nós. A pomba é aquela sob cuja aparência desceu o Espírito Santo, como aprendeste no Novo Testamento, o Espírito Santo que te inspira a paz na alma, a tranquilidade do espírito. O corvo é a figura do pecado, que se afasta e não volta, contanto que em ti também perseverem a observância e o exemplo do que é justo.

[12]Existe ainda um terceiro testemunho, a partir do ensinamento do apóstolo: *Porque nossos pais estiveram todos sob a nuvem; atravessaram todos o mar; foram todos eles batizados em Moisés, na nuvem e no mar*[19]. Ainda é o próprio Moisés quem o afirma em seu cântico: *Enviaste*

---

17. Cf. *Sacr.* I, 23; II, 1.9.
18. Cf. Gn 8,6-11.
19. 1Cor 10,1-2.

o teu Espírito e o mar os encobriu[20]. Repara como naquela passagem dos hebreus já se encontra prefigurado o santo Batismo, pois nela o egípcio pereceu e o hebreu se salvou. Que outro ensinamento receberíamos nós, todos os dias, por este mistério, senão que a culpa desaparece e o erro é abolido, enquanto a piedade e a inocência atravessam intactas?

[13]Ouves, pela leitura, que nossos pais estiveram sob a nuvem, aliás, sob boa nuvem, que arrefeceu o incêndio das paixões carnais; sob boa nuvem, que proporciona sombra àqueles que o Espírito Santo visitou. Afinal, desceu Ele por sobre a Virgem Maria e a força do Altíssimo a cobriu de sua sombra[21], quando gerou a redenção para o gênero humano. E este milagre se realizou em figura por Moisés. Se, pois, o Espírito apareceu em figura, não está presente de verdade, uma vez que a Escritura te informa: *A lei foi dada por Moisés, mas a graça e a verdade vieram por Jesus Cristo*[22].

[14]Mara era uma fonte amarga. Moisés nela lançou o lenho e tornou-se potável[23]. A água efetivamente não possui nenhuma utilidade para a salvação futura, sem a pregação da cruz do Senhor. Na hora, porém, em que for

---

20. Ex 15,10.
21. Cf. Lc 1,35.
22. Jo 1,17.
23. Cf. Ex 15,23-25. • *Sacr.* II, 12.

consagrada pelo mistério da cruz salvífica, é ela temperada para servir de banho espiritual e de cálice salutar. Assim, pois, como Moisés, quer dizer o profeta, deitou o lenho naquela fonte, assim também o bispo deita nesta fonte o anúncio da cruz do Senhor e a água se torna potável para a graça.

¹⁵Como conclusão: não dês fé unicamente aos olhos de teu corpo. Melhor se vê o que é invisível. O primeiro é temporal, enquanto o invisível é eterno. Melhor se enxerga o que não se abarca com os olhos, mas se divisa pelo espírito e pela alma.

¹⁶Que a leitura do Livro dos Reis, que acaba de ser feita, complete a tua instrução[24]. Neman era sírio e portador de lepra, não podendo ser curado por pessoa alguma. Foi então que uma jovem cativa disse que havia profeta em Israel capaz de limpá-lo do contágio da lepra. Tomando ouro e prata – continua a Escritura – foi encontrar-se com o rei de Israel. Este, conhecendo a causa da chegada, rasgou suas vestes, dizendo que era, sem dúvida, uma tentação exigir dele o que não estava em seu poder de rei. Eliseu, porém, fez saber ao rei que lhe enviasse o sírio, para que tomasse conhecimento de que existia um Deus em Israel. E, ao chegar, ordenou-lhe que fosse sete vezes banhar-se no Rio Jordão.

---

24. 2Rs 5,1-14. Cf. *Sacr.* I, 13-14; II, 8.

¹⁷Foi nesta hora que o homem célebre pôs-se a refletir: os rios de sua terra teriam melhores águas; nelas muitas vezes se banhara, sem nunca ficar limpo da lepra. Isto o impedia de obedecer às ordens do profeta. No entanto, por conselho e persuasão de seus servos, concordou e foi banhar-se. Agora purificado, entendeu de imediato que a purificação de cada qual não se deve às águas, mas à graça.

¹⁸É a vez de descobrires o que vem a ser aquela menina cativa. É a assembleia mais jovem dentre as nações, isto é, a Igreja do Senhor. Antes fora humilhada pelo cativeiro do pecado, pois ainda não possuía a liberdade da graça. Mas, por conselho dela, este povo sem consistência escutou a palavra profética, da qual duvidara por muito tempo. Em seguida, quando creu dever segui-la, foi o povo purificado de todo o contágio dos vícios. Também ele duvidou, antes de curar-se. Tu já estás curado, e por isso não deves duvidar.

4 ¹⁹Já anteriormente te foi dito que não acreditasses apenas no que vias, para que não dissesses também tu, por acaso: É esse, então, o grande mistério que olho algum viu e ouvido algum percebeu, e que não subiu até o coração do homem?[25] Eu vejo a água que via todos

---

25. Cf. 1Cor 2,9.

os dias: Tem ela o poder de me purificar, quando tantas vezes desci até ela e nunca fui purificado? Conclui daí que a água não purifica sem o Espírito.

²⁰Foi bem por isto que leste que os três testemunhos no Batismo perfazem um só: a água, o sangue e o Espírito[26]. Por quê? Se excluíres um deles, já não se realiza o Sacramento do Batismo. O que é efetivamente a água sem a cruz de Cristo, senão o elemento comum, sem nenhuma utilidade sacramental? Por outro lado: sem água não existe mistério de regeneração, pois, *a não ser que alguém renasça pela água e pelo Espírito Santo, não pode entrar no Reino de Deus*[27]. O catecúmeno crê, no entanto, também na cruz do Senhor Jesus, pela qual é igualmente marcado[28]. Mas, se ele não for batizado em nome do Pai, do Filho e do Espírito Santo, não poderá receber a remissão dos pecados, nem haurir o dom da graça espiritual.

²¹Portanto, o célebre sírio mergulhou sete vezes na Lei, enquanto tu foste batizado em nome da Trindade. Confessaste o Pai – recorda-te do que fizeste –,

---

26. 1Jo 5,8.
27. Jo 3,5.
28. Pode tratar-se aqui de uma cerimônia de consignação do catecumenato. Cf. AGOSTINHO. *De catech. rud.*, 20, 34. Neste caso, porém, o autor teria falado com mais clareza dizendo "foi marcado". Pode-se, pois, referir esta alusão ao sinal da cruz feito pelos catecúmenos.

confessaste o Filho, confessaste o Espírito[29]. Observa a ordem dos fatos. Nesta fé, morreste para o mundo e ressuscitaste para Deus; como que enterrado naquele elemento do mundo, morto para o pecado, ressuscitaste para a vida eterna[30]. Crê, pois, que a água não permanece ineficaz.

²²Por isso é que te foi dito: *O anjo do Senhor descia de tempo em tempo para a piscina; a água se agitava, e aquele que primeiro descia à piscina, após o movimento da água, se curava de qualquer doença que o houvesse acometido*[31]. A piscina encontrava-se em Jerusalém e nela curava-se anualmente uma só pessoa. Ninguém, no entanto, se curava antes de descer o anjo. Descia, pois, o anjo; e, para indicar que o anjo havia descido, agitava-se a água. A água se agitava por causa dos incrédulos. Para eles era um sinal, para ti, a fé. Para eles descia um anjo, para ti desce o Espírito Santo. Para eles agitava-se uma criatura, para ti age o Cristo, Senhor mesmo da criatura.

²³Naquele tempo, um só era curado. Agora todos se curam, ou melhor, um só, que é o povo cristão. Pois existe entre alguns também uma água enganadora[32]. O batismo dos incréus não cura, não purifica, mas polui.

---

29. Cf. *Sacr.* II, 20.
30. Sobre o Batismo como morte e ressurreição, cf. *Sacr.* II, 17-19.23.
31. Jo 5,4. Cf. *Sacr.* II, 3, 6-7.
32. Cf. Jr 15,18.

O judeu batiza vasos e cálices[33], como se os seres insensíveis fossem capazes de receber tanto a culpa quanto a graça. Tu, batiza aquele teu cálice sensível, para que tuas boas obras nele brilhem, para que o esplendor da tua graça nele refulja. Portanto, aquela célebre piscina é uma figura, para que tu creias que a esta fonte também desce o poder divino.

[24]Afinal, o paralítico de que falamos estava à espera de um homem[34]. A quem esperava, a não ser o Senhor Jesus, nascido da Virgem, que ao chegar não possibilitava apenas que a sombra curasse um por um, mas que a verdade a todos curasse? Ele portanto era esperado, para que descesse, Ele de quem Deus Pai falou a João Batista: *Aquele sobre quem vires descer o Espírito do céu, e permanecer, é quem batiza no Espírito Santo*. A respeito dele João testemunhou dizendo: *Eu vi o Espírito descer do céu como pomba e permanecer sobre Ele*[35]. E então, para que o Espírito Santo desceu como pomba, senão para que tu visses, senão para que tu reconhecesses que aquela pomba que o justo Noé fez sair da arca[36] fora a imagem desta pomba, a fim de que tomasses conhecimento da figura do sacramento?

---

33. Cf. Mc 7,4.8.
34. Cf. Jo 5,7.
35. Jo 1,33.32.
36. Cf. Gn 8,8.

²⁵Poderias, quem sabe, dizer: aquela foi a verdadeira pomba enviada do céu, enquanto este desceu em forma de pomba. Como afirmar que lá se tratava de imagem, e aqui, da realidade, quando, conforme os códices gregos, o Espírito desceu em forma de pomba?[37] Mas o que há de mais verdadeiro do que a divindade que permanece sempre? A criatura, sim, não pode ser verdade, mas aparência que facilmente desvanece e muda. Acrescenta ainda: que a simplicidade dos que são batizados não se revela na aparência, mas na verdade. É por isso que o Senhor também diz: *Sede prudentes como as serpentes e simples como as pombas*[38]. É, pois, uma verdade que Ele desceu como pomba, para admoestar-nos a adquirir a simplicidade da pomba. Também lemos, por outra parte, que a aparência deve ser aceita no sentido da verdade, a respeito de Cristo: *Na aparência foi encontrado como homem*[39] e a respeito de Deus Pai: *Não viste nem mesmo sua aparência*[40].

5 ²⁶Haveria ainda motivo para dúvidas, quando o Pai o proclama com clareza no Evangelho, dizendo: *Esse é meu Filho em que pus minha complacência*[41], quan-

---

37. Lc 3,22. Cf. *Sacr.* II, 14.
38. Mt 10,16.
39. Fl 2,7.
40. Jo 5,37.
41. Mt 3,17.

do o Filho, sobre quem o Espírito se manifestou como pomba, o proclama, quando também o proclama o Espírito Santo que desceu como pomba, quando o proclama Davi: *A voz do Senhor sobre as águas, o Deus da majestade trovejou, o Senhor sobre as grandes águas*[42], quando a Escritura te dá o testemunho de que desceu fogo do céu a pedido de Jeroboal e outra vez foi enviado fogo que consagrou o sacrifício a pedido de Elias?[43]

[27]Não consideres os méritos das pessoas, mas as funções dos sacerdotes. Se porém tiveres em conta os méritos, da mesma forma como estimas a Elias, também considerarás os méritos de Pedro e Paulo, que nos transmitiram este mistério que receberam do Senhor Jesus. O fogo, para eles visível, era enviado para que cressem. Para nós é fogo invisível, que age porque cremos. A eles aparecia em figura. A nós como admoestação. Crê, pois, que está presente, invocado pelas preces dos sacerdotes, o Senhor Jesus, que diz: *Onde quer que estejam dois ou três, aí também eu estou*[44]. Quanto mais então onde está presente a Igreja, onde estão os mistérios, se digna Ele conceder-nos sua presença!

[28]Assim, pois, desceste. Recorda-te do que respondeste: Crês no Pai, crês no Filho, crês no Espírito Santo.

---

42. Sl 28,3.
43. Cf. Jz 6,21. • 1Rs 18,38.
44. Mt 18,20.

Não afirmas aí: Creio num que é maior, e num que é menor e num que é o último. Mas, pela mesma garantia de tua voz, te obrigas a crer no Pai, da mesma forma no Filho como crês no Pai, da mesma forma no Espírito como crês no Filho, com esta única exceção, que, na cruz, confessas que deves crer somente na do Senhor Jesus[45].

6 [29]Após isto, como estás lembrado, subiste para junto do bispo. Reflete no que então aconteceu. Não foi aquilo que descreveu Davi: *Como perfume na cabeça, que desce por sobre a barba que é barba de Aarão?*[46] É este o perfume de que também fala Salomão: *Teu nome é perfume esparramado, por isso as adolescentes te amaram e por ti sentiram enleio*[47]. Quantas almas, hoje renovadas, não te amaram, Senhor Jesus, dizendo: *Atrai-nos após ti, corremos atrás do odor de tuas vestes*[48], para sentirem o odor da ressurreição!

[30]Analisa o sentido da cerimônia: *Os olhos do sábio se encontram em sua cabeça*[49]. O perfume corre pela barba, isto é, na graça da juventude; corre pela barba de Aarão, para te tornares raça eleita, sacerdotal, preciosa[50].

---

45. Cf. *Sacr.* II, 20.
46. Sl 132,2. Cf. *Sacr.* II, 24; III, I.
47. Ct 1,2.
48. Ct 1,3.
49. Ecl 2,14. A respeito deste texto, cf. *Sacr.* III, 1.
50. 1Pd 2,9. Cf. *Sacr.* IV, 3.

Pois todos nós somos ungidos pela graça espiritual, para formarmos o Reino de Deus e um sacerdócio.

³¹Subiste da fonte. Lembra-te da leitura do Evangelho. Efetivamente, Nosso Senhor Jesus, no Evangelho, lavou os pés a seus discípulos[51]. Quando chegou a Simão Pedro, este lhe disse: *jamais lavarás meus pés*[52], não percebendo o alcance do mistério e recusando por isso mesmo o serviço. Imaginava que a humilhação do servo fosse agravada, caso tolerasse sem resistência o favor do mestre. O Senhor o advertiu: *Se eu te não lavar os pés, não terás parte comigo*. Ouvindo isso, Pedro exclamou: *Senhor, não somente os pés, mas também as mãos e a cabeça*. Retrucou-lhe o Senhor: *Aquele que se lavou não necessita senão lavar os pés, pois está puro todo ele*[53].

³²Pedro estava puro, mas tinha que lavar os pés; pois havia nele o pecado que vem da sucessão do primeiro homem[54], na hora em que a serpente o suplantou e o induziu ao erro. É por isso que se lavam os pés, para serem tirados os pecados por herança, pois nossos pecados pessoais são extintos pelo Batismo.

³³Percebe, ao mesmo tempo, que tal mistério se realiza pelo ministério da humildade. Pois disse Jesus:

---

51. Cf. *Sacr.* III, 4-7.
52. Jo 13,8.
53. Jo 13,9-10.
54. Trata-se, sem dúvida, da concupiscência. Cf. *De Iacob* 1,4,13; Reconheci que a concupiscência era pecado.

Se eu vos lavei os pés, eu que sou o Senhor e Mestre, quanto mais então vós deveis lavar-vos os pés uns aos outros[55]. Uma vez que o próprio autor da salvação nos resgatou pela obediência, também nós, seus servos, devemos apresentar-lhe tanto mais a homenagem da humildade e da obediência!

7 [34]Recebeste em seguida vestes brancas, como sinal de que havias despido o invólucro dos pecados, para te revestires dos trajes puros da inocência, dos quais falou o profeta: *Aspergir-me-ás com o hissopo e serei purificado, lavar-me-ás, e serei mais branco que a neve*[56]. Aquele que é batizado aparece como purificado, tanto pela lei quanto pelo Evangelho. Pela lei, porque Moisés fazia aspersão do sangue do Cordeiro com um feixe de hissopo[57]; pelo Evangelho, porque as vestes de Cristo eram brancas como a neve, na hora em que Ele revelou, no Evangelho, a glória de sua ressurreição[58]. Torna-se mais branco do que a neve aquele a quem se perdoa a culpa. É por isso que o Senhor fala também por Isaías: *Caso forem como a púrpura vossos pecados, torná-los-ei brancos como a neve*[59].

---

55. Jo 13,14.
56. Sl 50,9.
57. Cf. Ex 12,22.
58. Cf. Mt 17,2.
59. Is 1,18 *(Sept.)*.

³⁵Após assumir estas vestes pelo banho da regeneração⁶⁰ a Igreja diz no Cântico dos Cânticos: *Sou negra e bela, filhas de Jerusalém*⁶¹. Negra, pela fragilidade da natureza humana; bela, pela graça; negra, porque composta de pecadores; bela, pelo sacramento da fé. Vendo tais vestimentas, as filhas de Jerusalém exclamam estupefatas: *Quem é aquela que sobe toda branca?*⁶² Ela era negra; como acontece que agora, de repente, seja branca?

³⁶Aliás tiveram suas dúvidas também os anjos, na hora em que Cristo ressuscitou; tiveram suas dúvidas as potestades dos céus, percebendo que a carne subia ao céu. Diziam então: *Quem é este Rei da glória?* Enquanto uns diziam: *Levantai os portais, ó príncipes, levantai-vos, portais eternos, e entrará o Rei da glória*, outros exprimiram a dúvida, dizendo: *Quem é este Rei da glória?*⁶³ Em Isaías descobrirás como também as virtudes dos céus duvidavam dizendo: *Quem é este, que sobe de Edom? O vermelho de suas vestes é de Bosor, Ele é belo em sua roupa branca*⁶⁴.

³⁷Cristo, porém, vendo sua Igreja revestida de branco – em favor da qual Ele próprio, como podes ler no livro do Profeta Zacarias, se revestira de trajes

---

60. Cf. Tt 3,5.
61. Ct 1,4.
62. Ct 8,5.
63. Sl 23,7-8.
64. Is 63,1.

sórdidos[65] – ou vendo a alma pura e lavada pelo banho da regeneração[66], exclama: *Como és formosa, minha amiga, como és formosa. Teus olhos são como os da pomba*[67], sob a aparência da qual o Espírito Santo desceu do céu. São belos os teus olhos, como dissemos acima, porque desceu em forma de pomba.

[38]E mais além: *Teus dentes são como os rebanhos das ovelhas tosquiadas, ao subir do lavatório, todas com dois cordeirinhos gêmeos, e nenhuma há estéril entre elas. Os teus lábios são como uma fita de escarlate*[68]. Não é pequeno este louvor. Primeiro, por causa da graciosa comparação das ovelhas tosquiadas. Sabemos, efetivamente, que as ovelhas pastam sem temor nas altas montanhas e que buscam tranquilamente o alimento por entre os rochedos escarpados. Mais. Ao serem tosquiadas, se desembaraçam do supérfluo. É ao rebanho delas que se compara a Igreja, que possui em seu seio muitas virtudes das almas que depõem os pecados supérfluos pelo banho e que oferecem ao Cristo o mistério da fé e a graça da conduta, e que ainda falam da cruz do Senhor Jesus.

[39]Nelas é que a Igreja se apresenta formosa. É por isso que o Verbo de Deus lhe fala: *Tu és toda formosa,*

---

65. Cf. Zc 3,3.
66. Cf. Tt 3,5.
67. Ct 4,1.
68. Ct 4,2-3.

minha amiga, e não existe defeito em ti[69], porque a culpa desapareceu. *Vens do Líbano, esposa minha, vens do Líbano, passarás e tornarás a passar desde o princípio da fé*[70]. De fato, renunciando ao mundo, atravessou ela o século e chegou até Cristo. Novamente o Verbo de Deus lhe diz: *Quão formosa e encantadora és, ó caríssima entre as delícias! Tua estatura é semelhante à da palmeira e os teus seios à de dois cachos de uvas*[71].

40A Igreja lhe responde: *Quem me dera fosses meu irmão, amamentado aos seios de minha mãe? Encontrando-te fora, eu poderia beijar-te e não me desprezariam. Tomar-te-ia e te levaria à casa de minha mãe, e no aposento daquela que me concebeu tu me instruirias*[72]. Vês como, encantada pelo dom das graças, deseja penetrar até os mistérios secretos e consagrar ao Cristo todos os seus sentimentos? Ela ainda insiste, ainda suscita amor, e exige que seja despertada pelas filhas de Jerusalém[73], com o auxílio das quais, isto é, das almas dos fiéis, deseja que o Esposo seja atraído para um amor maior a ela.

41A partir disso, o Senhor Jesus, também Ele convidado pelo desejo de tão grande amor, pela beleza de seu

---

69. Ct 4,7.
70. Ct 4,8.
71. Ct 7,6-7.
72. Ct 8,1-2.
73. Cf. Ct 5,8.

enfeite e de sua graça, uma vez que não existem faltas que manchem os que já foram lavados, diz à Igreja: *Põe-me como um selo sobre o teu coração, como um selo sobre o teu braço*[74]. Isto significa: *Tu és bela, minha amiga, tu és toda formosa, nada te falta*[75]. Coloca-me como um selo sobre o teu coração, para que tua fé resplandeça na plenitude do sacramento. Que tuas obras também brilhem e apresentem a imagem de Deus, à imagem do qual foste feita. Que teu amor não diminua por nenhuma perseguição, teu amor que as grandes águas não podem extinguir, nem os rios terão forças para submergir[76].

[42]Recorda, pois, que recebeste o selo espiritual[77], o espírito da sabedoria e inteligência, o espírito do conselho e da força, o espírito do conhecimento e da piedade, o espírito do santo temor[78], e guarda o que recebeste. Deus Pai te assinalou, Cristo Senhor te confirmou e colocou o Espírito como penhor em teu coração. Foi o que aprendeste pela leitura do apóstolo[79].

8 [43]Assim lavado, e rico em insígnias, avança o povo para o altar de Cristo, dizendo: *Eu me aproximarei*

---

74. Ct 8,6.
75. Cf. Ct 4,7.
76. Cf. Ct 8,7.
77. Cf. *Sacr.* III, 8.
78. Is 11,2-3.
79. Cf. 2Cor 1,21-22.

do altar de Deus, do Deus que alegra a minha juventude[80]. Depôs ele, efetivamente, os depojos do antigo erro, renovou a juventude como a da águia[81] e se apressa por chegar ao banquete celestial. Aproxima-se, pois, e vendo o santo altar ornado, exclama: *Preparaste diante de mim uma mesa.* É este povo que leva Davi a falar, quando diz: *O Senhor me alimenta e nada me faltará. Colocou-me no lugar de pastagem, conduziu-me para junto à água que me conforta.* E abaixo: *Mesmo que eu ande em meio à sombra da morte, não temerei a desgraça, porque estás comigo. Teu cetro e teu báculo me sustentaram. Preparaste para mim uma mesa em presença dos que me afligem. Ungiste minha cabeça com óleo e teu cálice inebriante, como é excelente!*[82]

[44]Consideremos agora o seguinte: Para que ninguém vendo as coisas visíveis – porque as que são invisíveis não se veem, nem podem ser abarcadas por olhos humanos – por acaso diga: Deus fez chover o maná[83] para os judeus, fez chover as codornizes, enquanto para sua Igreja bem-amada são estas as coisas que preparou, das quais se dizem: *O que olho algum viu e ouvido algum ouviu, e o que não chegou ao coração de homem algum, preparou Deus aos que o amam*[84].

---

80. Sl 42,4.
81. Cf. Sl 102,5.
82. Sl 23(22),1-2.4-5. Cf. *Sacr.* V, 13.
83. Cf. Ex 16,13-15.
84. 1Cor 2,9.

Portanto, para que ninguém diga isto, queremos provar, com o máximo empenho, que os sacramentos da Igreja são ao mesmo tempo mais antigos do que os da sinagoga e mais excelentes do que o maná.

[45]Que sejam mais antigos, ensina-o a leitura do Gênesis que acaba de ser feita. Efetivamente, a sinagoga tirou sua origem da Lei de Moisés. Ora, Abraão lhe é de muito anterior, ele que, depois de vencer os inimigos e de reencontrar o sobrinho quando conquistou a vitória, recebeu a visita de Melquisedeque que ofereceu o que Abraão recebera com respeito[85]. Não foi Abraão que ofereceu, mas Melquisedeque, que é apresentado como sendo sem pai nem mãe, sem começo nem fim de dias, mas semelhante ao Filho de Deus, e do qual diz Paulo aos hebreus, que permanece como sacerdote para sempre. É chamado em tradução de Rei da Justiça, Rei da Paz[86].

[46]Não reconheces quem seja Ele? Pode um homem ser rei de justiça, quando mal chega a ser justo? Pode ser rei da paz, quando mal chega a ser pacífico? Ele é sem mãe, segundo a divindade, porque foi gerado por Deus Pai e é da mesma substância com o Pai. Sem pai, segundo a encarnação, porque nasceu da Virgem. Não tem começo nem fim, porque Ele próprio é o começo e

---

85. Cf. Gn 14,14-18.
86. Hb 7,2-3.

o fim de tudo, *o primeiro e o último*[87]. O sacramento que recebeste não é, pois, dom de homem, mas de Deus, trazido por aquele que abençoou o Pai da fé, Abraão, e de quem admiras a graça e os atos.

[47]Ficou, pois, provado que os sacramentos da Igreja são mais antigos. Convence-te agora que são superiores. De fato, é admirável que Deus tenha feito chover maná para os nossos pais, e que eles tenham sido nutridos com o alimento cotidiano vindo do céu. É por isso que se diz: *O homem se alimentou com o pão dos anjos*[88]. No entanto, todos os que comeram deste pão morreram no deserto. No entanto, a comida que tu recebes, o pão vivo que desceu do céu, confere sustento de vida eterna, e quem quer que dele coma não morrerá jamais[89], pois é o corpo de Cristo.

[48]Examina agora o que é superior: O pão dos anjos ou a carne de Cristo, que realmente é o corpo para a vida. Aquele maná vinha do céu; este está acima do céu. Aquele pertencia ao céu; este, ao Senhor dos céus; aquele estava sujeito à corrupção, caso fosse guardado para o dia seguinte; este é isento de toda corrupção, porque quem quer que o saboreie com respeito não poderá

---

87. Cf. Ap 1,17; 22,13.
88. Sl 77,25.
89. Jo 6,49.59.

provar a corrupção⁹⁰. Em favor deles correu água da pedra; em teu favor corre o sangue de Cristo. A água saciou a eles para o momento; a ti, o sangue te lava para sempre. O judeu bebe e continua tendo sede; tu, quando beberes, já não poderás ter sede⁹¹. Aquilo se passava em figura, isto se realiza de verdade.

⁴⁹Se o que admiras não passa de sombra, quanto maior deve ser aquilo de que tu admiras a sombra! Escuta, é a sombra que se manifestou aos pais quando se diz: *Bebiam do rochedo que os seguia, mas o rochedo era Cristo. Apesar disso, num grande número dentre eles Deus não teve agrado, e assim foram aniquilados no deserto. Ora, isto se realizou em figura para nós*⁹². Compreendeste o que é mais importante: efetivamente a luz é preferível às trevas, a verdade à figura, o corpo do Criador ao maná do céu.

9 ⁵⁰Talvez digas: Vejo outra dificuldade: Como me afirmas, por exemplo, que recebo o corpo de Cristo? É isto que nos falta ainda provar. Como são grandes os exemplos, de que lançamos mão, para provar que não se trata do que a natureza produziu, mas do que a bênção

---

90. Cf. Jo 6,50.
91. Cf. Jo 4,13.
92. 1Cor 10,4-6. Encontramos a mesma interpretação, aliás eucarística, de origem paulina, em São João Crisóstomo (PG 51, p. 249) e em Teodoreto (*Quaest. Exod* 27, PG 80, p. 257).

consagrou, e que o poder da bênção é maior que o da natureza, uma vez que, pela bênção, a própria natureza se transforma.

⁵¹Moisés tinha em mãos o bastão. Lançou-o diante de si e ele transformou-o em serpente. Em seguida, tomou a cauda da serpente, que retornou à natureza do bastão[93]. Vês, por conseguinte, que em virtude da graça profética por duas vezes se transformou a natureza, a da serpente e a do bastão. Os rios do Egito corriam em leitos de água pura. De uma hora para outra, começou a irromper sangue dos veios das fontes e já não havia água potável nos rios. E de novo, a pedido do profeta, estancou o sangue dos rios e voltou a natureza das águas[94]. O povo hebreu estava cercado de todos os lados; deste, assediado pelos egípcios, daquele, fechado pelo mar. Moisés levantou o bastão, a água se separou, congelou numa espécie de muralha, e, entre as ondas, apareceu um caminho para pedestres[95]. O Jordão, contrariamente à natureza, corria para trás, voltando para a fonte donde nascera[96]. Não estaria, pois, evidenciado que a natureza das ondas do mar e o curso do rio se mudaram? O povo de nossos pais teve sede. Moisés tocou a pedra e jorrou

---

93. Cf. Ex 4,3-4.
94. Cf. Ex 7,19-21.
95. Cf. Ex 14,21-22.
96. Cf. Js 3,16. • Sl 113,35.

água da pedra[97]. Por acaso, a graça não agiu de maneira superior à natureza, a ponto de o rochedo lançar água, quando não a possuía por natureza? Mara era um rio muito amargo, a ponto de o povo sedento não poder beber dele. Moisés lançou um lenho n'água, e a natureza das águas perdeu o seu amargor, amargor esse que a graça nela infundida temperou repentinamente[98]. Sob o Profeta Eliseu, aconteceu a um dos filhos dos profetas que o ferro se desprendesse da machadinha e mergulhasse imediatamente. O rapaz que perdera o ferro suplicou a Eliseu, e este lançou na água também o cabo, e o ferro começou a boiar[99]. Evidentemente, também isso, nós o sabemos, se realizou de maneira superior à natureza, pois o ferro é por natureza mais pesado do que o líquido das águas.

[52]Verificamos, assim, que a graça tem maior eficiência que a natureza e até agora no entanto apenas enumeramos a graça da bênção profética, pois, se a bênção humana revelou tanto poder, a ponto de transformar a natureza, que diremos da bênção do próprio Deus, em que as palavras mesmas do Salvador são chamadas a operar?[100] Porque o sacramento que recebes é realizado pela palavra de Cristo. Ora, se a palavra de

---

97. Cf. Ex 17,1-7.
98. Cf. Ex 15,22-25.
99. Cf. 2Rs 6,5-6.
100. Cf. *Sacr.* IV, 14.19.21.22.

Elias teve tamanha força, a ponto de fazer descer do céu o fogo[101], não teria a palavra de Cristo a força de transformar a natureza dos elementos? Leste a propósito das obras do universo todo: *Ele disse e foi feito; Ele ordenou e foi criado*[102]. A palavra de Cristo, que teve a força de fazer do nada o que não era, não pode ela mudar aquilo que é naquilo que não era? Pois não é menos difícil dar uma natureza nova às coisas do que mudar esta natureza.

[53]Mas por que servimo-nos de argumentos? Lancemos mão do exemplo da encarnação e estabeleçamos a verdade do mistério pelos mistérios dela. Por acaso a ordem da natureza seguiu o seu processo, quando o Senhor Jesus nasceu da Virgem Maria? Se atendermos à lei da natureza, a mulher costuma gerar após relações com o homem. É, pois, evidente que a Virgem gerou fora da ordem da natureza. E aquilo que nós realizamos (na Eucaristia) é o mesmo corpo nascido da Virgem. Por que insistes aqui sobre a ordem da natureza no corpo de Cristo, quando este mesmo Senhor Jesus foi gerado pela Virgem fora da ordem da natureza? Trata-se, efetivamente, da verdadeira carne de Cristo que foi crucificada, que foi sepultada. Consequentemente, é, de fato, o sacramento de sua carne.

---

101. Cf. 1Rs 18,38.
102. Sl 32,9; 148,5.

⁵⁴O próprio Senhor Jesus proclama: *Isto é o meu corpo*. Antes da bênção das palavras celestiais, dá-se um nome de outra natureza; após a consagração, é significado o corpo. Ele próprio diz que é seu sangue. Antes da consagração, é chamado outra coisa; após a consagração, é designado sangue. E tu dizes: *Amém*, quer dizer, *É verdade*[103]. Aquilo que a boca fala deve reconhecê-lo o espírito; o que se exprime pela palavra deve senti-lo o afeto.

⁵⁵Por estes sacramentos é que o Cristo nutre sua Igreja; por eles, sustenta-se a substância da alma, e, vendo o seu progresso efetivo na graça, lhe diz: *Como os teus seios são belos, minha irmã, minha esposa! Como encantam mais que o vinho e como o perfume de tuas vestes ultrapassa todos os aromas! Os teus lábios, ó esposa, são como um favo que destila o mel; o mel e o leite estão debaixo de tua língua, e o perfume dos teus vestidos é como o odor do Líbano. Jardim fechado és, irmã, minha esposa, jardim fechado, fonte selada*[104]. Por estas palavras, quer Ele indicar-te que o mistério deve permanecer selado em ti, a fim de que não seja violado pelas obras de uma vida má, nem pela perda da castidade, a fim de que não seja divulgado junto àqueles a quem isso não convém, a fim de que não seja espalhado por entre os incréus, através de uma loquacidade tola.

---

103. Cf. *Sacr.* IV, 25.
104. Ct 4,10-12.

Deves guardar bem a tua fé, para que se conservem íntegros a tua vida e o teu silêncio.

[56]É por isso também que a Igreja, guardando a profundeza dos mistérios celestes, repele para longe de si as mais violentas tempestades de vento e atrai a doçura da graça primaveril. Sabendo que seu horto não pode desagradar ao Cristo, chama pelo mesmo Esposo, dizendo: *Levanta-te, Aquilão, e vem, vento do meio-dia, assopra de todos os lados no meu jardim e espalhem-se os meus aromas. Vem, ó meu irmão, para o teu jardim e come o fruto de suas macieiras*[105]. De fato, possui ele boas árvores frutíferas, que mergulharam suas raízes na corrente da sagrada fonte e que desabrocharam violentamente, com uma fecundidade nunca vista, produzindo bons frutos, para não serem cortados pelo machado profético, mas para se desenvolverem em fecundidade evangélica.

[57]Afinal, o Senhor, agradando-se de sua fertilidade, também responde: *Eu vim para o meu jardim, irmã, minha esposa; colhi a minha mirra com os meus perfumes, comi o alimento com meu mel, bebi minha porção junto com meu leite*[106]. Por que tenho eu falado de comida e bebida? Compreende-o tu, que tens fé. Não há, porém,

---

105. Ct 4,16–5,1.
106. Ct 5,1.

dúvida que é em nós que Ele come e bebe, assim como tu leste que Ele se diz também prisioneiro em nós[107].

⁵⁸É por isso também que a Igreja, presenciando tamanha graça, exorta os seus filhos, exorta os seus amigos a correrem juntos aos sacramentos, dizendo ela: *Comei, meus amigos, bebei e inebriai-vos, meus irmãos*[108]. O que tenhamos a comer, o que tenhamos a beber, exprimiu-o o Espírito Santo para ti em outra passagem profética, dizendo: *Saboreai e vede quão suave é o Senhor. Feliz o homem que nele confia*[109]. O Cristo está presente neste sacramento, porque ele é o corpo de Cristo. Não se trata, pois, de uma comida corporal, mas espiritual, por isso também o profeta diz de sua imagem: *Nossos pais comeram manjar espiritual e beberam porção espiritual*[110]. Pois o corpo de Deus é corpo espiritual; o corpo de Cristo é o corpo do Espírito divino, porque o Cristo é Espírito, conforme lemos, *O Cristo Senhor é Espírito diante de nossa face*[111]. Na Epístola de São Pedro encontramos ainda a passagem: *O Cristo também morreu por vós*[112]. Afinal, é esta comida que dá estabilidade ao nosso

---

107. Cf. Mt 25,35-36.
108. Ct 5,1.
109. Sl 33,9.
110. 1Cor 10,3.
111. Lm 4,20 *(Sept.)*.
112. 1Pd 2,21.

coração, e é esta bebida *que alegra o coração do homem*, como lembrou o profeta[113].

[59]Como conclusão: Depois de termos recebido tudo, convençamo-nos de que fomos regenerados e não nos perguntemos: *Como fomos regenerados?* Por acaso entramos no ventre de nossa mãe e nascemos de novo?[114] Não vejo aí o costume da natureza, nem se trata da ordem da natureza, na hora em que está em jogo a excelência da graça. Afinal, não é sempre a ordem da natureza que produz a geração; professamos que o Cristo Senhor foi gerado pela Virgem e assim negamos aí a ordem da natureza, pois Maria não concebeu de um homem, mas recebeu em seu seio, por força do Espírito Santo, como diz Mateus: *Encontrou-se ela sendo grávida por força do Espírito Santo*[115]. Se, pois, o Espírito Santo, descendo sobre a Virgem, operou a concepção e realizou a obra da geração, já não pode haver dúvida de que o Espírito, descendo por sobre a fonte, ou seja, por sobre aqueles que recebem o Batismo, produza, de fato, a regeneração.

---

113. Cf. Sl 103,15.
114. Cf. Jo 3,4.
115. Mt 1,18.

Índice escriturístico[*]

1 Os sacramentos

Antigo Testamento
Gênesis
1,11: III,3
1,20: III,3
1,26-27: V,27
3,17-23: II,17
3,19: II,17
7,17-23: II,1
14,14-18: IV,10

Êxodo
4,3-4: Nota 124 (IV,18)
7,19-21: Nota 124 (IV,18)
13,21: I,22
14,9-11: I,20
14,21: IV,18
15,22-25: II,12
15,23-25: IV,18
16,13-15: IV,8
17,1-6: V,3
17,6: Nota 124 (IV,18)

---

[*] Os números romanos (em Os sacramentos) se referem ao livro e os arábicos aos parágrafos (nos dois tratados).

Levítico
19,2: V,21

Números
17,8: IV,2

Josué
3,16: Nota 124 (IV,18)

1Reis
18,38: II,11

2Reis
5,1-14: I,13
6,5-6: II,11; IV,18

Jó
1,5: V,25

Salmos
1,3: IV,2
2,7: III,3; V,26
7,10: IV,16
8,1-8: VI,25
18,2: V,20
22: Nota 152 (V,13)
22,1-5: V,13
32,9: IV,15
42,4: IV,7
50,9: IV,6
109,4: IV,12
112,4: V,20
140,3: VI,15
148,5: IV,15

Provérbios
15,1 (*Sept.*): VI,19

Eclesiastes
2,14: III,1

Cântico dos Cânticos
1,1: V,5; V,8
1,2: V,9
1,3: V,10
1,4 (*Sept.*), 1,3 (*Vulg.*): V,11
5,1: V,14; V,15
8,5: IV,5
8,6: VI,6

Isaías
9,5 (*Sept.*), 9,6 (*Vulg.*): II,4
11,2-3: III,4; III,8
19,20: II,7
26,20: VI,14
29,13: VI,13

Malaquias
2,7: I,7

Novo Testamento
Mateus
3,14: III,4
3,14-15: I,14
3,16-17: I,19
6,6: VI,11; VI,15
6,9: VI,24
6,9-13: V,18
11,10: I,7
15,8: VI,13
24,8: I,6; IV,7
26,26-28: IV,22
28,29: II,10; II,14; II,22

Marcos
7,34: I,2

Lucas
7,30: II,18; Nota 114 (IV,13)
11,1-4: V,18
17,21: V,22
22,19-20: IV,22

João
1,17: V,4
4,14: V,3
5,4: II,3
5,6-7: II,6
6,35: V,12
6,41: VI,4
6,49.59: I,12; IV,24
6,54: VI,2
6,56: VI,1
6,61-62: VI,3
6,69: VI,3
9,6-7: III,11
12,32: V,10

13,6: III,4
13,8: III,4; III,5
13,9: III,6
13,10: III,7
14,27: IV,10
18,37: V,22
19,31-34: V,4
21,17: II,21
21,25: II,12

Atos dos Apóstolos
2,1-3: II,15
4,12: II,22
13,33: III,2

Romanos
4,1-22: I,1
6,3: II,23
6,4: II,20
6,4-6.10: VI,7
6,6: VI,8
6,7: II,17
8,31: V,30

12,1: IV,21
13,12: V,26

1Coríntios
1,30: IV,10
2,9: IV,5
4,16: VI,12
9,24-25: I,4
10,2: I,20
10,4: V,3
10,11: I,20
11,1: VI,12
11,23-25: IV,22
11,26: IV,26; IV,28; V,25
12,4-6: VI,9
12,11: VI,9
14,22: II,4; II,15
15,21: II,7

2Coríntios
1,3: VI,10
1,21-22: VI,6
2,15: I,3
4,18: I,10
5,17: IV,16

Gálatas
1,6: VI,8

Efésios
2,5: V,19
3,10: III,10
4,5: II,2
5,18: V,17

Colossenses
1,18: III,2
1,20: V,23
2,3: VI,21
2,14: V,27
4,3: VI,15

1Timóteo
2,1: VI,22
2,5: II,7; IV,17
2,8: VI,11; VI,17
2,9: VI,21

Hebreus
7,2: IV,10
7,3: IV,12
7,17: IV,12
9,2-7: IV,1
13,8: V,26

1Pedro
1,12: IV,5
2,9: IV,3
2,22: I,16
3,1: VI,21
3,3-4: VI,21
3,21: Nota 34 (I,23)

Apocalipse
1,17: V,l
22,13: V,l

2 Os mistérios

Antigo Testamento
Gênesis
1,2: 9
6,3: 10
8,6-11: 10
8,8: 24
14,14-18: 45

Êxodo
4,3-4: 51
7,19-21: 51
12,22: 34
14,21-22: 51
15,10: 12
15,22-25: 51
15,23-25: 14
16,13-15: 44
17,1-7: 51

Josué
3,16: 51

Juízes
6,21: 26

1Reis
18,38: 26; 52

2Reis
5,1-14: 16
6,5-6: 51

Salmos
22,1-2: 43
22,4-5: 43
22,5: 43
23,7-8: 36
28,3: 26
32,9: 52
33,9: 58
42,4: 43
50,9: 34
77,25: 47
102,5: 43
103,15: 58
113,35: 51
132,2: 29
148,5: 52

Eclesiastes
2,14: 30

Cântico dos Cânticos
1,2: 29
1,3: 29
1,4: 35

4,1: 37
4,2-3: 38
4,7: 39
4,7: 41
4,8: 39
4,10-12: 55
4,16–5,1: 56
5,1: 57; 58
5,8: 40
7,6-7: 39
8,1-2: 40
8,5: 35
8,6: 41
8,7: 41

Isaías
1,18 (*Sept.*): 34
11,2-3: 42
63,1: 36

Jeremias
15,18: 23

Lamentações
4,20 (*Sept.*): 58

Zacarias
3,3: 37

Malaquias
2,7: 6

Novo Testamento
Mateus
1,18: 59
3,17: 26
10,16: 25
17,2: 34
18,20: 27
25,35-36: 57

Marcos
7,4.8: 23
7,34: 3

Lucas
1,35: 13
3,22: 25

João
1,17: 13
1,33.32: 24
3,4: 59
3,5: 20
4,13: 48
5,4: 22
5,7: 24
5,37: 25
6,49.59: 47
6,50: 48
10,38: 8
13,8: 31
13,9-10: 31
13,14: 33

Romanos
1,20: 8

1Coríntios
2,9: 19; 44
10,1-2: 12
10,3: 58
10,4-6: 49

2Coríntios
1,21-22: 42
4,18: 8

Filipenses
2,7: 25

Tito
3,5: 35; 37

Hebreus
7,2-3: 45

1Pedro
2,9: 30
2,21: 58

1João
5,8: 20

Apocalipse
1,17: 46
22,13: 46

Índice analítico*

1 Os sacramentos

Aarão: IV,1; IV,2
Abel: IV,27
Abraão: I,1; IV,10; IV,27; V,1
Adão: V,14; V,27
Agostinho (Santo): V,22 (nota); VI,18 (nota)
Água: I,10; I,15; I,18; I,22; II,19; III,3; V,2; V,3; V,4
Altar: III,11; III,14; IV,1; IV,4; IV,5; IV,7; IV,8; V,l; V,2; V,5; V,7; V,12; V,14

Amém: IV,25
Anamnese: IV,27 (nota)
Angústia: I,21
Anjos: I,6; I,7; II,3; II,4; IV,5; VI,25
Arianos: VI,10
Aristóteles: II,1 (nota)

Bardy: IV,10 (nota)
Batismo: I,2 (nota); I,5; I,15; II,2; II,8; II,9; II,10; II,11; II,13; II,16; II,17; II,18; II,20; II,22; IV,2 (nota); IV, 18; VI,5

---

* Os números romanos (em Os sacramentos) se referem ao livro e os arábicos aos parágrafos (nos dois tratados).

Batistério: IV,2

Bispo: I,3; I,18; II,14; II,24; III,4; III,8; IV,2; VI,24

Botte, B.: IV,3 (nota); IV,14 (nota); IV,27 (nota)

Bruxelas: II,20 (nota)

Buenner: V,4 (nota)

Cagin: IV,22 (nota)

Capelle, B.: I,7 (nota); IV,3 (nota)

Catecúmeno: III,13 (nota)

Charlier: IV,3 (nota)

Cipriano: III,8 (nota); V,29 (nota)

Cirilo de Jerusalém: I,4 (nota); II,20 (nota)

Comunhão: V,12; V,24; V,25; V,26; VI,1; VI,2

Consagração: IV,14; IV,15; IV,16; IV,19; IV,20; IV,21; IV,22; IV,23; V,24; VI,3

Consignação: III,10

Cornélio (Papa): IV,25 (nota)

Corpo de Cristo: I,6

Cruz: II,6; II,23

Daniélou: I,12 (nota); V,13 (nota)

Davi: IV,6; IV,7; IV,15; V,12; VI,15; VI,25

Dekkers: II,20 (nota)

Desígnio de Deus: III,3; IV,13

Diabo: II,18; II,19; II,23; III,7; V,23

Dídimo: II,11 (nota)

Dilúvio: I,23; II,1; II,9

Doelger: I,3 (nota); III,3 (nota); III,8 (nota)

Domingo: IV,29

Éfeta: I,2

Egípcios: IV,18

Elias: II,11

Eliseu: I,13; II,11; IV,18

Epiclese: IV,14 (nota)

Espírito Santo: I,15; I,17; I,18; I,19; I,22; II,14; II,15; II,20; II,22; II,24; III,8; III,9; III,10 (nota);

IV,12; IV,17; IV,29; V,9;
V,17; VI,5; VI,6; VI,9;
VI,10; VI,24

Fariseus: II,18
Fé: I,1; I,8
Figura: II,8; IV,21 (nota); IV,25; V,1
Fonte: I,4; I,9; I,12; I,18; II,14; II,16; II,19; III,1; III,2; III,4; III,8; III,14; IV,18; IV,19

Galtier: III,10 (nota)
Gentios: VI,12
Graça: I,1

Hamm: IV,22 (nota)
Harpa: IV,7
Hipólito: I,4; II,20 (nota); III,10 (nota); IV,20 (nota)
Homens: I,6
Horeb: IV,18 (nota)

Igreja: II,8; II,15; III,5; III,6; V,8; V,14; V,15; VI,25
Imagem: II,1 (nota)
Imersão: II,24; III,2
Imposição das mãos: I,2 (nota)
Israel: I,13; IV,18

Jó: V,25
João Batista: I,7; I,15; I,17; II,18
João Evangelista: III,4; III,11
Jordão: I,13; I,14; II,8; IV,18 (nota)
Judá: IV,10
Judeus: IV,10; IV,11; IV,24; V,3; VI,12
Justiça: I,15

Kittel: IV,21 (nota)

Lava-pés: III,4; III,5; III,7
Levita: I,4; I,6; I,10; II,16

Lietzmann: IV,27 (nota)
Liturgia milanesa: III,11 (nota)
Lucas: III,11
Luz: I,22

Maná: IV,1; IV,9; IV,10; IV,13; IV,24
Malaquiel: I,7
Mar: I,12; I,20; I,22; II,9
Mara: II,12
Marcos: III,11
Maria: IV,12; IV,17; VI,4
Mateus: III,11
Melquisedeque: IV,10; IV,12; IV,27; V,1; V,2
Milão: IV,2 (nota)
Ministério: VI,9
Mistério: I,2; I,3; I,11; I,18; I,23; II,6; III,5; III,7; III,11; IV,10; V,3; V,12
Moisés: I,20; I,22; II,12; IV,10; IV,18; V,3
Morte: II,17; II,23; II,24; III,2

Mulher: I,3; V,4; VI,15; VI,17; VI,21

Neman: I,9; I,13; II,8
Neunheuser, B.: I,18 (nota)
Nuvem: I,22

Obrigação de batizar: III,13
Óleo: I,2 (nota)
Oração: V,18; VI,11; VI,12; VI,13; VI,14; VI,15; VI,16; VI,18; VI,19; VI,20; VI,22; VI,23
Oriente: V,25
Orígenes: VI,18 (nota)

Pai-nosso: IV,29; V,18ss.
Paraíso: II,17
Páscoa: I,12; IV,2 (nota)
Passagem: I,12
Paulo (Apóstolo): III,2 (nota); IV,1: V,1; V,18; V,26; VI,11; VI,17

Pedro: II,21; III,2; III,2 (nota); III,4; III,6; IV,3; IV,5; VI,21

Peixe: III,3

Pentecostes: II,15

Peregrinatio Aetheriae: III,12 (nota)

Perfume: I,3

Piscina: II,9

Povo de Deus: V,3; V,16

Povo sacerdotal: IV,3

Presbítero: I,4; II,16; III,4

Profissão de fé: II,20; III,1

Promessas do Batismo: I,5

Quaresma: III,12 (nota)

Reino de Deus: V,22; V,23

Regeneração; III,1; III,2

Ressurreição: II,17; II,19; II,23; III,1; III,2; V,25; V,26

Rito: I,16; I,15; I,18; I,23; II,14; III,10 (nota)

Robeyns: IV,3 (nota)

Roma: I,1

Sábado: I,2; V,4

Sacerdócio: I,7; IV,3

Sacerdote: I,7; IV,1; IV,3; IV,12; IV,14; IV,21; IV,27; V,3; VI,26

Sacramentos: I,11; II,15; III,12; IV,7; IV,8; IV,11; IV,13; IV,14; IV,25; IV,26; V,l; V,6; V,7; V,12; V,13; V,14; V,24; VI,5

Saliva: I,2 (nota)

Salomão: III,1; V,8

Santidade: I,24

Selo: III,8; VI,5; VI,6; VI,7; VI,8

Sepultura: II,23; III,1

Serpente: II,17; III,7

Siloá: III,11; III,14

Símbolo: IV,20

Sinais: II,4; II,14; II,15; VI,7; VI,26

Síria: I,13; I,14

Sumo sacerdote: II,16; III,4; IV,l; IV,2; IV,27 (nota)

Tertuliano: II,12 (nota); II,20; III,8 (nota); IV,21 (nota); V,29 (nota); VI,18 (nota)

Trindade: I,18; I,19; I,24; II,9; II,14; VI,5; VI,8

Unção: I,4; II,24; III,1; V,13

Veste branca: V,14
Virtude: VI,26
Virtudes cardeais: III,9

Wilmart: IV,20 (nota)

2 Os mistérios

Aarão: 29; 30
Abraão: 45; 46
Agostinho (Santo): 20 (nota)
Águas: 8; 9; 10; 11; 14; 17; 19; 20; 21; 22; 26; 38; 41; 48; 51; 56
Altar: 43
Amém: 54

Anjo: 6; 22; 36; 47; 48
Aquilão: 56

Batismo: 21; 23
Bispo: 14; 29
Boca: 4
Bosor: 37

Catecúmeno: 20; 1 (nota); 7 (nota)
Cirilo de Jerusalém: 2; 7 (nota)
Comunhão: 43; 47; 48; 50; 53; 58
Consagração: 50; 52; 54
Consignação: 3 (nota); 20 (nota)
Corvo: 10
Cruz: 14; 20; 28; 38
Cura: 23; 24

Daniélou: 7 (nota)
Davi: 9; 26; 29
Desígnio de Deus: 1
Diabo: 5; 7 (nota)

Dilúvio: 10
Duchesne: 3 (nota)

Edom: 37
Egito: 51
Elias: 26; 27; 52
Eliseu: 16; 51
Espírito: 9; 10; 11; 12; 13; 19; 20; 21; 22; 24; 25; 26; 28; 37; 42; 58; 59
Exsuflação: 3 (nota)

Figura: 13; 23; 24; 27; 48; 49
Fonte: 31; 59

Hebreu: 12; 51

Igreja: 18; 27; 37; 38; 39; 40; 41; 44; 47; 55; 56; 58
Imagem: 24; 25; 41
Imposição das mãos: 3 (nota)
Isaías: 34; 37

Jeroboal: 26
Jerusalém: 22; 35; 40
João Batista: 24
João Crisóstomo: 49 (nota)
Jordão: 16; 51
Judeu: 48; 44

Lava-pés: 31; 32; 33
Lenho: 11; 14; 51; 56
Levita: 6; 8
Líbano: 39; 55

Maná: 44; 47
Mara: 14; 51
Maria: 13; 24; 46; 53; 59
Melquisedeque: 45
Ministério: 6; 27
Mistério: 2; 3; 4; 9; 10; 12; 14; 19; 27; 31; 33; 40; 53; 55; 56
Moisés: 9; 12; 13; 14; 34; 45; 51
Moral: 1
Morin: 3 (nota)

Morte: 5; 21
Mulher: 4

Narinas: 3 (nota)
Neman: 16
Noé: 10; 24
Nuvem: 13

Óleo: 3 (nota)
Oriente: 7; 7 (nota)
Ouvidos: 3
Ovelhas: 38

Paulo: 12; 27; 42; 45
Pedro: 27; 31; 58
Peterson: 7 (nota)
Pomba: 10; 11; 24; 25; 26; 37
Povo sacerdotal: 30
Profissão de fé: 28

Quaresma: 1 (nota)

Ressurreição: 21; 34; 36
Rito: 7 (nota)

Sábado Santo: 3 (nota)
Sacerdócio: 30
Sacerdote: 2; 3; 6; 27; 45
Sacramento: 24; 41; 46; 47; 53; 55; 58
Saliva: 3 (nota)
Salomão: 29
Santo dos Santos: 5
Selo: 41; 42; 55
Serpente: 32; 51
Sinagoga: 45
Sinal: 22; 34
Sumo sacerdote: 6; 8

Teodoreto: 49 (nota)
Tradição: 2
Trindade: 21

Unção: 3 (nota); 30; 43

Veste branca: 34; 36; 37
Vestes: 35

Zacarias: 37

Coleção CLÁSSICOS DA INICIAÇÃO CRISTÃ

- *Didaqué – Instruções dos apóstolos*
Anônimo

- *Os sacramentos e os mistérios*
Santo Ambrósio

- *Tradição apostólica de Hipólito de Roma*
Hipólito de Roma

- *A instrução dos catecúmenos*
Santo Agostinho

- *Catequeses mistagógicas*
São Cirilo de Jerusalém

- *Catequeses pré-batismais*
São Cirilo de Jerusalém

- *Peregrinação de Etéria*
Anônimo

- *Carta a Diogneto*
Anônimo

- *Cartas de Santo Inácio de Antioquia*
Anônimo

Conecte-se conosco:

f facebook.com/editoravozes

◉ @editoravozes

🐦 @editora_vozes

▶ youtube.com/editoravozes

◉ +55 24 2233-9033

www.vozes.com.br

Conheça nossas lojas:

www.livrariavozes.com.br

Belo Horizonte – Brasília – Campinas – Cuiabá – Curitiba
Fortaleza – Juiz de Fora – Petrópolis – Recife – São Paulo

EDITORA VOZES LTDA.
Rua Frei Luís, 100 – Centro – Cep 25689-900 – Petrópolis, RJ
Tel.: (24) 2233-9000 – E-mail: vendas@vozes.com.br